成就千百万职场精英的共情工作法则

带着共情力去工作

陈志林／著

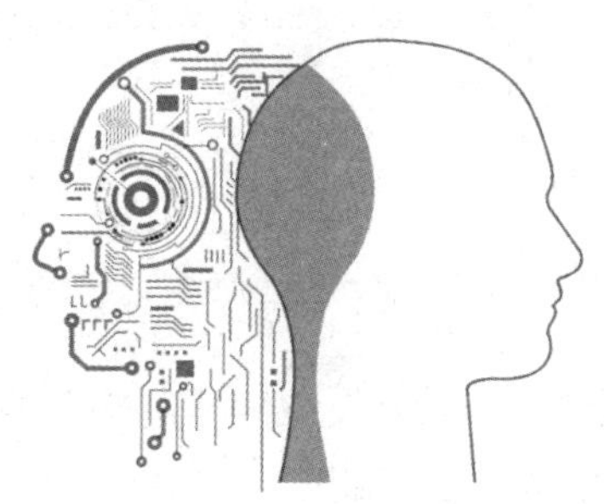

「THE POWER OF EMPATHY」

台海出版社

图书在版编目（CIP）数据

带着共情力去工作 / 陈志林著. —北京：台海出版社，2020.11

ISBN 978-7-5168-2733-8

Ⅰ. ①带… Ⅱ. ①陈… Ⅲ. ①组织心理学—通俗读物 Ⅳ. ①C936-49

中国版本图书馆CIP数据核字(2020)第171374号

带着共情力去工作

著　　者：陈志林

出 版 人：蔡　旭　　封面设计：鸿蒙诚品

责任编辑：戴　晨

出版发行：台海出版社

地　　址：北京市东城区景山东街20号　　邮政编码：100009

电　　话：010－64041652（发行，邮购）

传　　真：010－84045799（总编室）

网　　址：www.taimeng.org.cn/thcbs/default.htm

E-mail：thcbs@126.com

经　　销：全国各地新华书店

印　　刷：三河市华晨印务有限公司

本书如有破损、缺页、装订错误，请与本社联系调换

开　　本：710毫米×1000毫米　　1/16

字　　数：248千字　　印　　张：13.5

版　　次：2020年11月第1版　　印　　次：2021年1月第1次印刷

书　　号：ISBN 978-7-5168-2733-8

定　　价：49.00 元

序一

给职场人的一封信：
提升工作共情力，不想优秀都难

亲爱的员工朋友：

你好！

打拼在职场，你是否对工作早已没有激情，总是觉得上司挑剔、客户难缠、下属不听指挥、同事明争暗斗。你真的很难捋顺这些复杂的职场人际？你是否觉得团队协作不如意，甚至很多人工作能敷衍就敷衍、能推诿就推诿？你是否觉得工作只是一种赚钱的方式，与公司没有共振，与老板更是没有共频？你是否觉得职业前途一片迷茫？看到了别人的成功，自己却无从下手？

如果这是你，请先不要怀疑自己的能力、不要头大，你的职场关系只是缺乏共情力这一剂良药罢了。

共情这一概念，最早是由心理学家罗杰斯提出的，指的是我们体验他人内心世界的能力，也叫同理心。简单来说，就是你是否能对别人感同身受。

有人说，一切的处世技巧，都不如怀着一颗真心的共情。所以，共情力是一种真正的善良，是沟通的秘诀，是处世的智慧，更是职场里最高级的情商。

因此，人人都得培养自己的共情力，工作中，能够拥有共情力就更加重要了。

拥有了共情力，你才能在工作的各种人际关系中游刃有余，沟通顺畅、合作顺利，体味到其中的乐趣，甚至找寻到自己人生的意义。在默默为他人考虑的同时，你会对公司多一份感情，对工作多一份热情，感恩工作中遇到的一切，包括困难。

优秀的员工都善于在工作中运用共情力，他们能在沟通中、在遇到困难的时候将心比心，站在公司、同事、客户的角度上去考虑问题，最终困难就会迎刃而解，职场之路更是一片坦途。你的每一个充分体谅他人的做法得到的一定是所有人的良性反馈。

而没有共情，每个人都活得像一座孤岛，烦恼也纷至沓来。只有不断提升共情力，掌握共情的力量，带着共情力去工作，才能在工作的时候自然舒畅，如沐春风！那么，怎么才能迅速提升你的职场共情力，并让你心甘情愿地带着共情力去工作呢？

本书共有8章，针对在工作中如何提高以及运用共情力的问题做了相关研究和总结，并给所有职场人最实用的方法指南。书中以如何在工作中开启共情思维为始，讲解了如何将共情力运用到工作沟通中以及如何运用共情力去突破难题，完成工作；深入解析了如何修炼共情力，以增强工作责任感、提升执行力和职场忠诚度；剖析了共情协作对于团队的重要性，以及如何利用共情力让团队更加团结高效；最后讲述了共情和感恩的关系，以及对工作的帮助。

本书针对工作中遇到的最普遍的问题，提出解决方案，助你越来越优秀，在工作中干出更大的成就。首先，本书的撰写采用案例 + 分析 + 工作金言 + 问题思考的板块化方式，对一个问题进行深入剖析，每一条工作金言都将对读者起到醍醐灌顶的作用；每一个问题思考都能够启发读者结合自身的实际工作去思考、去运用。其次，本书语言平实，逻辑清晰，逐条罗列了具体的做法，一读就懂，一用就会。最后，本书中的案例都是经过严格筛选而来，既具有普遍性又不乏特殊性，能够照顾到读者的实际工作，引发读者的思考和改变。

本书实用性很强，能够拿来即用，是工作中人人必备的案头手册，在你工作情绪低落时，当你遭遇职场人际遭遇困难时，在你职业前景日趋渺茫时，读读本书，相信你定会豁然开朗。读完本书，你将全面了解共情力对于一个人工作的重要性，并能够熟知在工作的各个方面如何去运用它。

带着共情力去工作，工作效率会更高！

带着共情力去工作，职场关系会越来越好！

带着共情力去工作，你能和公司做到共振共频！

带着共情力去工作，你可能在公司在职场上更进一步，向更高职位精进！

总之，读这本书，不仅可有效提升你的职场情商，让事业更加顺畅，还可以促进人际关系，让你变成一个人人喜欢的人，让你的人生真正有所改变。

带着共情力去工作吧，愿你成为一名优秀的员工，成为职场上的佼佼者！

序二

给管理者的一封信：缺乏共情力，公司很容易成为一盘散沙

尊敬的管理者：

你好！

员工管理是公司经营的重中之重，也是难中之难。在公司管理过程中，常常会出现各种问题。你是否一直为公司的管理问题而疲惫不堪：

员工的工资、福利一直在涨，但就是留不住人；

员工之间不和谐，各部门互有不满，内耗严重；

员工完成任务时总是执行不力，甚至敷衍了事；

对于工作安排和薪资待遇，员工经常有意见，甚至抱怨不断；

……

作为管理者，如果经常遇到以上问题，那么就有一个非常重要的原因——你的团队缺乏共情力，大家考虑问题往往只会从自己的角度出发，互不理解，

互不信任，猜忌丛生，嫌隙不断，无法形成和谐共鸣，无法一起团结努力。

可以说，缺乏共情力，公司很容易成为一盘散沙，毫无战斗力。

要知道，员工不是冷冰冰的机器，而是一个个活生生的人，具有丰富的情感、不同的性格，以及各种各样的想法。这就需要你能够把大家凝聚在一起，让大家心往一处想，劲往一处使，朝着一个共同的目标努力；而共情力就是凝聚剂，是彼此信任的重要基础。

共情力对管理至关重要。它是处理公司人际关系，激发员工战斗力，推动公司健康发展的内在核心因素之一。所以，培养和提升共情力势在必行。

首先，你必须要提升公司整体的共情力。

让员工知道，共情力的高低，是区别员工是否优秀的重要标准之一。

共情力高的员工，懂得感恩公司，理解领导的不易和苦心，明白公司是自己施展才华的舞台，所以愿意努力工作，实现公司和自己的双赢。

共情力低的员工，只考虑自己的得失，不管公司和其他同事的利益，经常抱怨不断，难以沟通，在工作中挑肥拣瘦，严重影响公司的发展。

为了管理好公司，你必须想方设法培养和提升员工的共情力。

也许你会说，对于共情力低下，严重影响公司的员工，直接降级甚至是开除，以绝后患不就行了。这样确实是个方法，但绝对是一个下策，治标不治本，更容易给公司造成不必要的损失。

只有采取正确的措施，形成一套完善的培训机制，让员工不断提升共情力，才是长久之计。

为什么很多优秀的管理者重视企业文化的培训？就是因为他们明白，通过理念、使命和价值观等精神方面的构建，能够让员工与公司达到情感和精神上的共鸣，相互理解和尊重，从而产生正向聚合力。这其实就是一种共情力的培养。

其次，你自己要成为一个共情高手。

作为管理者，你要成为一个共情高手，能够走到员工心里面去，能够理解和尊重他们，能够感受到他们的情绪。只有这样，你才能对症下药，采取正确的策略和方法，管理好他们，激发他们团结在一起，努力工作。

马云为什么能管理好阿里巴巴，成为阿里员工的精神领袖？其中一个非常重要的原因就是他具有很高的共情力。

马云对员工要求很严，但这是他在理解员工的基础上提出来的。他非常坦诚，说话很切合实际，能够站在员工的角度分析问题，所以员工才愿意听他的话，愿意跟着他拼命工作。

马云曾经说：“员工的离职原因林林总总，只有两点最真实：第一，钱没给到位；第二，心受委屈了。这些归根到底就一条：干得不爽。员工临走还费尽心思找靠谱的理由，就是为给你留面子，不想说穿你的管理有多烂、他对你已失望透顶。”这话就能体现出马云具有很高的共情力。他非常理解员工，能够站在员工的角度思考问题，所以才能说到员工心里去，获得员工的信任，最终管理好员工。

优秀的管理者大多是共情高手。他们能够体会员工的情绪和想法，理解员工的立场和感受，又能站在员工的角度思考和处理问题，从而让员工信服，让团队充满凝聚力和战斗力。所以，你必须培养和提升自己的共情力，让自己成为一个共情高手。

人们常说，巧妇难为无米之炊。对于从事管理工作的你而言，共情力就是“米”。有了这个“米”，你就能够具有很强的领导力，让员工心甘情愿地聚在你的周围，服从你的管理，与你一起做出更大的业绩。

《带着共情力去工作》是一本提升和增强共情力的经典培训书。通过对本书的阅读，理解和掌握其中的理念和方法，你会发现，各种让你头疼不已的员工管理问题会迎刃而解，你和员工的工作效率会大幅提升。

愿本书能够帮助到你和你的团队，让你们实现整体的蜕变，成为一个和谐团结、战斗力超强的团队！

目录

第 1 章

共情思维：
理解与认同是做好工作的基础

工作能力是做好工作的关键，但共情思维是做好工作的起点。在工作中善于运用共情思维，着眼于大局，理解高层，不抱怨，就能获得更大的成就感，收获更多的“财富”。

要知道，那些在工作中游刃有余的优秀员工，都是带着共情思维去工作的。

共情力是团队协作的关键

工作环境死气沉沉，除了工作压力，还要处理与同事之间复杂的人际关系，任何一项工作的推进都令人头疼……相信没有人会喜欢这样的工作氛围。

每个人都希望自己的工作能够顺利进行，同事之间相处融洽，与上下级沟通也很顺畅。其实，这并非遥不可及，其中的奥秘就在于要学会运用共情思维，在沟通中发挥共情力。

共情力，又称“同理心”，指的是站在对方的立场，设身处地体验他人的处境，充分理解、感知他人感受的能力。将共情力运用到工作中，同事之间相互理解、相互体谅，就能够营造一个轻松愉快的工作氛围。

王泽是某互联网公司销售部的经理，最近产品充足，需要拓展客户，但人手不够，他便向人事部递交了人员补充的申请，希望能够在这个月将人员补充完毕，尽快将工作进度赶上。

但眼看就 20 号了，人事部那边一点消息都没有，王泽催了好几次，还是没有回复。他特别生气，一激动就冲到人事部一顿大吵：“你们这不是闲着吗？审个申请书有那么难吗？我们工作都拖了很多了，就不能想想我们吗？”

人事部的人一下子都愣了，有个人反驳道："不知道不要瞎说，第二天我们就递上去了。"

"递上去还没有消息吗？你们去看看我们有多少工作没人做……"王泽正在气头上，也没有收敛。

"谁知道啊，有本事你自己去上边问！"

双方都不依不饶，最后闹到了公司高层那里。几个高层领导一了解，原来是老板最近想要调整组织架构，人事经理一直没批，是正在和老板沟通人员调整等相关工作。

得知原因的王泽很后悔自己的做法，本应该好好说的却非要吵，弄得大家都不愉快。

案例中，销售部想的是能够尽快增加员工，加快工作进度，完成指标；人事部想的是人员调整要适应上级制定的新组织架构。双方有着不同的立场，而且缺乏充分的沟通和共情，所以产生了争执。

小田在一家公司做财务已经三年了，大学同学常常聚会，交流工作。有一次，大家都滔滔不绝地说着财务这项工作有多难做，开发票、跑税务、递交工资材料，尤其是一到月底结算工资时，就跟打仗一样，各个部门的人动不动就跑过来问，有人还劈头盖脸一顿责骂。因此，部门内部的人遇到事情后，也开始相互推诿。

小田看着他们，只在一旁笑着，同学们不解地问："难道你不是这样吗？"

小田说："我们工作也很繁忙，但各个部门的人都很配合。"

原来，他们公司提倡部门之间相互理解、体谅。

有一次，一位销售部的员工拿着出差的发票来报销，但负责报销的同事正巧请假了，小田接过发票，说：“那位负责报销的同事请假了，我知道你很着急，先给你递交上去，如果领导在就直接签了，不在就等同事来了再拿去签字，尽量在开支前给你签好。”

那位同事虽然很着急，但看着小田很尽心地为自己着想，就笑了笑说：“那麻烦你了。”

而在结算工资时，小田如果发现哪位员工的工作日志不清晰，也会及时去沟通，避免出现差错。

同学们听后，都表示这样做的确省去不少事，工作氛围也更加愉快。

小田在工作时，充分站在对方的立场上，说明可能拖延的情况，提前获得对方的理解。这样，在沟通中双方都很舒心，也加深了同事之间的感情。

这就是同样的事，缺乏共情和用共情思维去解决时，所产生的不同效果。

没有共情，不能相互理解，就会在无形中增加工作压力；而如果能在工作中调动自身共情力，站在对方的立场上去思考和工作，就会让公司的工作氛围更加轻松愉快，部门之间、同事之间更加和谐。所以，共情力是工作中的润滑剂。

其实，第一个案例中的冲突，在职场中很常见。公司里每个部门都有着不同的立场，工作氛围不友好，工作压力大正是由于每个人、每个部门都是从自己的角度考虑问题，缺乏共情的原因。

要有共情力，首先要培养共情思维。我们经常听到这样一句话：“你能不能站在我的角度考虑一下啊！”这就是共情思维的体现。

共情思维能够促使我们站在对方的角度去思考问题。在工作中，人人都应该充分考虑他人的利益和需求，将心比心，争取在顺畅和谐的沟通中解决问题。

其次，还要注意，共情不是同情。

共情是设身处地为他人着想，它的潜台词是“我懂你的感觉”；同情是从自己的角度出发去理解，潜台词是“你真可怜”。

如果在与同事的沟通中，总是一味地表达自己的理解，将对方放在“弱者”的位置上去安慰和关怀，就可能会适得其反。

最后，共情还要讲究方法，适当地暴露自己，让对方感知到你的共情力，彼此之间相互理解。

共情是工作的润滑剂，它能为职场创造一个富氧的环境，让每一位员工都能在工作的时候心情舒畅。

工作金言

体谅高层领导、理解同事需求是共情力的最直接的体现。在职场中，人人都应培养共情思维，共同创造一个舒心的工作氛围。

问题思考

小浅在公司里的职位很普通，工作也不是特别出色，但她特别受欢迎，常常有同事约她逛街吃饭，领导也很喜欢她。

她气质很好，身材匀称，性格很温柔。周末的时候，她喜欢在家里做美食，有时候会在朋友圈里晒一晒。有一次，她晒出几道美食后，有两位同事评论，说她晒美食，太不厚道了，“让我们这些胖子情何以堪”。她调皮地回道：“下次不馋你们了啊！”但如果有其他同事晒美食，她会评论：“看起来真不错，下次教我做呗。”

小浅家境殷实，刚开始进入职场时，她总是去公司旁边的一家高档餐厅里用餐。当看到同事去得很少，渐渐地，她也不去了，和同事一起去普通的餐厅吃午饭，并说：“这里的菜味道真不错，你们真会选地方，以后去哪儿吃得带上我啊！”

同事都觉得小浅待人接物特别有修养，很愿意和她待在一起。

看，这就是共情力的作用。小浅总是能够照顾他人的感受，主动融入集体，同事之间相处得非常愉快。

你是不是也觉得同事之间有这样的氛围，工作起来更加舒心畅快呢？结合你的具体情况，想一想自己应该怎么去做。

不抱怨，能够理解管理层的苦衷

抱怨，在职场中比较常见。可能是因为工作量繁重、压力大；可能是与同事之间的关系没有处理好；还可能是因为公司环境有待改善、领导严厉等，这些都会让我们产生抱怨的情绪。

殊不知，抱怨是职场上最大的负能量。即使通过抱怨暂时纾解了心中的不快，但工作还是那些工作，同事也不会改变他待人做事的方式，领导更不会改变他的领导思路，到头来只是浪费了你大把的时间、消耗了你大量的精力。用这些时间和精力去思考怎样提升业绩、怎样和同事相处岂不是更好吗？

小文在一家公司待了三年，虽然他没给公司创造多少业绩，但也兢兢业业，工作完成得也还不错。但是有一点，就是他爱抱怨。

有一次，领导急需一个数据，而负责统计工作的同事请假了，就让小文统计一下。小文嘴上说好，脸上却是一副不情愿的样子，他一边做还一边小声嘀咕："回回请假，工作就是我做……"

其实，统计这份数据，最多也就半小时的事，虽然最终他准确无误地完成了工作，但领导不仅没觉得他辛苦，还对他的印象大打折扣。

上一次他提出涨工资，领导说公司效益不好，暂时不考虑给员工涨工资。他又私底下抱怨，说工资这么低，没工作热情，效益更不好。其实，小文爱抱怨这一点，多多少少也传到领导耳朵里一些。

这年年底，公司要裁员，小文还想着自己已经干了好几年，是老员工了，不会被裁，但是没想到老板毫不犹豫地裁掉了他。

案例中的小文就是一个在工作中爱抱怨的人，虽然工作上没出什么差错，但最终还是在裁员中被裁掉了。想一想，领导也是普通人，他们也会有压力，工作上也会遭遇瓶颈，这些他们并不比任何一个员工经历得少。他们能够把一项工作交给你去做，首先是觉得你能够胜任这份工作，对你而言更是一种锻炼，而你却抱怨老板占用了你的时间。

每个人在工作中都不可能是一帆风顺的，甚至有可能陷入职业发展的低谷。这时候，发发牢骚、排解一下工作压力，似乎也无可厚非；但是一旦养成抱怨的习惯，就会对工作产生影响，形成恶性循环。久而久之，还会形成抱怨的思维，让抱怨成为工作的常态，慢慢丧失工作的责任感和使命感。

留意一下，我们每一个人身边或多或少都会有一些爱抱怨的同事。同时，你也会发现，那些连年升迁，工作业绩良好的人都是不抱怨、踏踏实实工作的人。

任何地方都没有绝对的公平。职场上，你或许会遭受一些不公平的待遇，你可以去申述，去澄清；但是无论如何，抱怨都是无济于事的。它只会让你掉入负能量的深渊：工作态度越来越消极，工作中的精力也会被逐渐分散；工作效率也会变得很低下，业绩上不去，最终只能被淘汰。

爱抱怨的人在平时的工作中遇到不顺心的事，常常会先去推责别人，却很少从自己身上找原因。同事有同事的做事方式，领导制定制度、安排任务，更有领导的道理，甚至是苦衷。

试想，如果我们自己是老板，希望自己的员工整天抱怨，不求上进吗？任何一个老板，都希望聘请来的员工能够为公司解决问题、创造价值，而不是遇事先抱怨一番，在同事面前喋喋不休。

其实，每一个抱怨背后，都隐藏了一种更好的选择和解决方案。因此，与其抱怨别人，不如改变自己，做一个实干家。

因为抱怨是徒劳的，只有改变自己，才能更好地和团队融合，更好地完成工作。抱怨制度太严，不如换成严格要求自己，提升自身能力；抱怨工作太多，不如去及时理清思路，寻找工作的突破点；抱怨业绩目标定得太高，不如想方设法去寻找更多的客户。

再者，公司和员工是相互依存的关系，公司的壮大要依靠员工优秀的业绩来实现，员工的成长又需要公司的不断发展来实现。所以，每一位员工都应该理解老板，以老板的心态去工作。作为老板，他们安排工作任务也好，进行人事调整也罢，都是站在全局的角度，从大局出发去思考。

用这种心态去工作，你就不会从心理上抵触领导安排的任务，而会认为这是表现和锻炼自己工作能力的一次机会。

喜欢抱怨的人是没有胸怀、难担大任的，没有人会因为喋喋不休的抱怨而获得奖励和提升。

所以，不要在工作中抱怨了。抱怨，浪费的是你的时间，损害的是大家的利益，最后还可能害得自己失去信任和工作。

抱怨不会解决任何问题，努力工作才会有出路。在接到一项新的工作任务时，试着去理解领导，站在公司的角度看待问题，做好工作，一切都将迎刃而解。

工作金言

抱怨会将你关进自己编织的牢笼，不跳出来改变工作态度，走到哪儿，你都会处于最基层的岗位。

问题思考

董小姐向来比较娇气，同事们都这么认为。

她一般不会去主动加班，如果临时有任务需要周末加班，她也会在电话里跟同事抱怨一番：“真是的，也不提前说，我正约了朋友，准备中午一起吃饭逛街呢。”

如果领导在安排工作任务时，她对和自己同组的同事也常常不满意，还拉着其他同事不停抱怨：“你说我也真是够倒霉了，谁不知道他工作一向没新意，也拿不出什么好点子。看来，这次我又得做好失败的准备了。”

以前开会时，领导还会问下她的想法，后来也渐渐把她当空气了，同事们更是对她敬而远之。

想想你周围，是不是也存在董小姐这样的同事？你愿意与这样的同事整天待在一起，接受抱怨的负能量吗？

从大局出发，服从工作安排

说到服从，很多人就会想到死板、趋炎附势；被领导呼之则来、挥之即去。但用共情思维想一想，如果你是老板，你愿意使用一个工作态度认真、任劳任怨的员工，还是喜欢一个处处提出质疑、不服从工作安排的员工呢？

王昊在某公司研发部担任技术研发工作，近来，公司开拓了省外业务，会时常安排技术人员去各个省进行技术讲解。

第一次安排王昊出差，王昊以家中有老人和孩子需要照顾为由拒绝了，领导碍于情面，就派了其他人去；第二次他又以该理由拒绝，领导又安排了其他人去，同事们对这一点很不满。

第三次，领导让人事部门的人先和他谈了一次，他也表示会配合出差，但领导安排时，他又说孩子生病了，不能离开。领导对他的做法很不满，便通知人事部给他调岗。

人事部和他沟通的时候，他却不愿意调岗。这一年年底续签合同，他递交材料后，领导便没有同意让他继续留在公司。

他只好草草办理好手续，离开公司，重新找工作了。

王昊属于典型的不服从公司安排的员工。第一，当公司需要他去做一项工作时，他首先考虑的是自己，把自己应该去做的工作都留给同事，同时也给领导出了不少难题。第二，领导让人事部和他协商调岗的事，他也不理解人事部门的难处，不配合工作，不服从安排。所以，当合同到期后，领导自然不会再和他续约。

不服从工作安排的员工大致分为两类：

一、资历深的员工

有很多员工是跟着公司成长起来的，对公司和各级领导都很熟悉，会凭借自己在公司多年的工作经验“倚老卖老”，不服从公司安排。虽然领导有时不好说什么，但是也很头疼。

二、工作能力强的员工

每个公司都有一些工作能力强的员工，他们有的技术过硬，有的管理能力突出，其中有些人就会仗着公司看重自己的能力而不把领导的工作安排放在眼里。

其实，在任何公司里，能起关键作用的员工少之又少，除非你工作能力超群，能对公司的发展方向起到决定性的作用，否则你就是那个可有可无的人。所以，如果你还没有达到那个能力超群的地步，就不要去挑战管理层的工作安排。

所有的高层领导都喜欢，也更愿意培养从大局出发考虑问题、态度良好、服从工作安排、勤奋努力的员工。

首先，服从是一个良好工作态度的最佳体现。

在职场中，工作能力固然重要，但更重要的是工作态度。

工作能力、工作经验等通过后天培养，都可以慢慢形成，这些属于客观条件；而工作态度则是主观的，只有你自己才能决定。

其次，服从体现的是一种团队合作意识。

每一项工作都不是一个人完成的，而是团队协作的成果。团队合作需要每一位员工都要着眼于大局，从公司整体的利益出发去思考问题，而不是纠结于个人的利益得失。

如果人人都从自己的角度出发去工作，不服从公司的安排，公司就会成为一盘散沙，而个人也将无法取得进步。

最后，服从领导安排也是每个人进入一家公司应首先具备的优秀品质。

当今社会，竞争激烈，工作压力大。面对繁杂的工作计划和任务的时候，与其采取消极、抵触的态度，不如服从安排，及时把握工作主动权，积极应对；这样，才能更好地、快速地完成工作。

因此，在工作中服从领导安排是员工取得工作成绩的必备条件。每一位员工，不管是普通职员，还是有一定职位的领导，都是公司这个整体的一部分。要想这个整体能够取得长足的进步与发展，就一定要懂得服从领导的安排。这样，每一个决策与计划才能在服从中得以完成。

工作金言

从大局出发，体现的是一种团队意识，处处质疑和反对只能被孤立、淘汰，服从工作安排才是职场硬道理。

问题思考

老张在一家纺织厂工作有十几年了，三年前升任为生产部的生产班长，一年前又升为生产部经理。可前不久，他从小道消息中得知，自己将被降职降薪，去一条新的生产线担任班长。

这个消息让老张非常恼火，他认为是有领导看不惯他，故意为之。琢磨了几天后，通知还没下来，他就去找领导理论了。

领导说确有这个想法，但领导还没说完，他就表示不愿接受这样的安排，并负气离开；回到工作岗位后，还消极怠工。

几天后，领导安排了另一位员工——他手底下的一位班组长去担任新生产线班长的职务。原来这条新的生产线引进了新的技术，领导安排他去，是因为他资历比较深，经验丰富；而等新的生产线运作顺利后，他依旧还是生产部经理，而且没打算降他的薪。

半年后，新的生产线运作成熟后，那位班组长就顺利晋升为生产部经理，顶替了他的位置。

老张后悔晚矣。

看完以上案例，你有哪些想法呢？是否意识到了不着眼于大局、不服从高层领导安排的危险？

不断创造效益：大河有水，小河满

在工作中，有多少人懒懒散散，不把绩效当回事？有多少人将工作一拖再拖，最后一刻才草草做完？又有多少人整天怨声载道，开会不记、培训不去，还一再抱怨工资低、福利差、待遇不好？试想，公司发展不好，哪来好的福利待遇？哪会连年涨薪呢？

之所以存在这样的状况，就是这些人没有明确公司与个人之间的关系。公司与员工之间是相互依存的关系，员工和公司是密不可分的，公司好，员工则好；公司不好，员工也好不起来。公司运营得好，员工才有施展的空间，公司盈利了，员工的口袋才能鼓起来。

这也就是“大河有水小河满，大河无水小河干”的道理了。所以，我们要理解公司，体谅上司，努力工作。

老袁是江西人，在制鞋这个行业工作了二十年。之前，他在温州多家鞋企做过普工、小组长、班长、车间主任，现在在一家大型鞋企担任车间主任。由于对制鞋的流程了如指掌，工作认真负责，董事长非常喜欢他，让他管着一个有300多人的大车间，而这些人来自全国各地。

当时，公司业务不断扩大，订单越来越多，于是就准备新增几条流水线。公司一边招工，一边买设备。很快，设备买回来了，但是工人却很难招。

眼看几条新增的流水线就要落满了灰，老袁也跟着发愁，他一声不响请了假，回乡去了。几天后，老袁带了30多个工人回来，都是他的老乡，就这样，公司招工难的问题无声无息地解决了。

每年，很多鞋企都会遭遇一个淡季，老袁一到这时候，就会思考如何让自己所在的企业顺利度过这个淡季。他先是在开会时，为董事长建言献策，后来利用他在温州多家鞋厂的人脉，经常把一些业务揽过来。

前不久，他还通过关系接了两个外贸单子。公司因此赚了几十万元，销售部的人都特别佩服他，董事长不仅给了他额外的奖金，还宣布将在年会上为他颁发“特别贡献奖”。

他说：“员工就要为公司着想，公司发展了，员工才能成功。公司遇到困难，不仅仅是老板的事，每个人都有责任去解决；而帮助公司发展，就是在帮助自己。如果厂里效益上不去，员工待遇也得不到保障。”

案例中，作为一名员工，老袁不仅工作努力，还在公司遇到困难的时候，把公司的困难当作自己的事情去解决，利用自己的关系，为公司拉业务，不断为公司创造业绩。老袁也因此受到奖励和表扬，获得了荣誉。

在现实中，很多员工却不这么认为，他们觉得自己是在为老板工作，能拖就拖，能闲着就闲着；至于公司的发展，那只是老板的事，自己没有责任和义务去操心；反正公司是死的，人是活的，发展不好随时都可以走人。

其实，这样的想法只能说明你目光短浅。公司发展得好，老板固然得利，但员工也同样受益。如果你在一个有着长足发展的公司里工作，不但会有更高的福利待遇，而且会更有安全感和上进心，也会在公司里找到事业的归属感。

因此，作为一名员工，要想让公司和自己有更好的发展，要做到以下三点：

首先，要端正态度，态度决定一切。要全身心地投入工作，必须树立敬业的心态，尽职尽责，做好本职工作，这样才能共同为公司创造效益。公司效益好了，自然不会亏待你。当然，由于你为公司创造了更大的利益，公司还可以提供给你更多个人发展的机会。

其次，要善于总结自己工作中不足的地方，提升自己的业务能力。一个人，只有不断提升自己的能力，才能适应公司的发展。相对地，只有公司发展了，效益提高了，才能不断为员工提供更多更好的薪资福利待遇。

最后，要将公司的事看成是自己的事，因为公司发展得好不好与你密切相关。公司绩效不好、业务开展不顺利，实则都是员工的工作没有做到位，这时候就要想办法，提升总体业绩。

总之，在职场上，你只有努力工作，不断为公司创造业绩，公司有了发展，你才能有更好的成长与进步。如果公司发展停滞，作为员工，你也会首先受到影响。

工作金言

没有企业的发展，就没有员工的未来。

问题思考

刘欣是某公司的技术总监，去年他所带的技术部人心涣散，技术员能力不均衡。年底统计收益时，发现这一年基本不赚钱。

老板专门找刘欣谈话："技术部是公司的核心部门，如果为客户开发的产品不能符合客户的需求，就会失去客户的信任，甚至丧失更多的潜在客户，希望你能够好好想想解决办法。再这样下去，公司不赚钱，只能给大家降薪了。"

刘欣仔细思考了老板的话后，决定在部门内部开展一次大的整合。他首先要求员工每周末花一天时间到公司进行培训和技术更新，并淘汰掉那些技术能力和工作态度差的员工；其次，他和人事部商量，招聘了几名技术过硬的员工。

年会结束后，刘欣还专门组织自己部门的员工开会，他说："这一年，大家都辛苦了，但我们并没有取得很好的成绩，公司整体收益很差，上级希望我们来年加把劲，否则明年大家就拿不到这样的高薪了。"

员工们听到总监这样说，都纷纷低下了头。

刘欣顿了顿，继续说道："只有我们努力工作，为公司创造效益，公司赚了钱，我们才有得赚。公司都亏本了，拿什么支付我们的工资？所以，我们与公司是一体的，希望来年，每一位员工都打起精神，在技术上多钻研，共同为公司创造更高的效益，争取明年涨薪。”

看了上述案例，你能从老板和刘欣的对话中得到什么样的启发？

你是不是认同刘欣和老板的说法？如果你是刘欣，你会怎样做？

与公司同舟共济，穿越市场风雨

常言道：树倒猢狲散。在职场上，公司就是大树。如果公司没有发展，员工也就没有未来可言。

很多人在公司发展好的时候，能够死心塌地地工作，公司一旦陷入困境，便纷纷跳槽。这样的员工只能与公司同享乐，却无法与公司共患难。

任何一家做得成功的公司，都不是一帆风顺发展起来的。发挥共情思维，站在公司和老板的角度，你会发现，当公司遭遇困难的时候，那些与公司共同经受风雨的员工，最终都磨炼成了行业里的精英。

比如 IBM、海尔、华为、联通等，都会陷入暂时困境。那些急功近利的、目光短浅的员工，就会在一时的困境中离去；而有责任心、能同甘共苦的员工，最后都成了公司的骨干和行业里的精英。

所以，公司的每一次困境都如同一把筛子，你不想被筛下去，就必须在困难来临的时候，与公司同舟共济，共同度过最艰难的时刻。

马泽和郭强毕业后，来到一家新成立的广告公司工作。老板聪明有头脑，做事认真，为人亲和，让他们很佩服。他俩觉得公司前景很不错，决心跟着这位老板干出一番事业来。

马泽和郭强工作很认真，因为公司人不多，他们有什么问题就去找老板取经，深受老板的赏识。公司一天天发展壮大，订单越来越多，老板还给他们涨了薪，上了保险。

可一年后，市场环境不好，客户明显减少。有一次，老板接了一个大项目，耗资巨大，导致公司资金开始出现紧缺。

无奈，老板不得不宣布暂时停发工资。在全员大会上，老板说："大家放心，等下个月公司资金周转开了，就及时发补给大家。这只是暂时的，请大家多多体谅。"

当时，员工们都很支持老板，但会后，郭强便私底下找到马泽，商量今后该怎么办。马泽说："老板人很不错，公司遇到困难也只是暂时的，我相信老板会有办法的。"

又过了一个月，公司还是没有起色，资金更加紧缺，公司很快陷入停滞状态。

老板只好借钱勉强给员工发了工资，工资发完，公司里的日常开销已经成问题了。见此情景，有几个员工拿到工资后便辞职了。

这时，郭强又找到马泽说："公司这个项目不知道还要砸多少钱，你看现在连日常开销都应付不了。前两天有家公司找到我，想让我过去，咱俩一起去吧？"

马泽看了看郭强，说道："公司确实遇到了很大的困难，但只要老板还在，公司不倒下，我就不辞职，我想一定会有办法的……听说那家公司还不错，你想去就去吧。"

几天后，郭强辞职了，马泽依然坚持上班。老板听说后非常感动，他找到马泽，日夜商讨，并马不停蹄地寻找新的投资。

很快，公司摆脱了困境，老板问马泽当初为什么不走，马泽说："我既然选择了这家公司，就必须与它共进退，如果一遇到困难就逃脱，那我个人也不会有进步。"

后来，公司渐渐步入正轨，马泽也被提拔为副经理。

同学聚会的时候，郭强对马泽不好意思地说："当初，我执意离开公司，还劝你离开，差点害了你。"

马泽说道："其实当时老板都坚持不下去了，他为了给员工发工资借了不少钱，准备把公司关了，自己找份工作慢慢还债，但看到有人还那么支持自己，于是咬咬牙，坚持下来了。"

案例中，当公司遇到危机的时候，郭强选择了离开，去寻求更稳定的发展；而马泽却坚持留了下来，努力工作，陪公司渡过了难关。最后，公司走出困境，马泽也被提拔为副经理。马泽的成功和他的才能分不开，但更重要的是他对公司的忠诚和不离不弃。公司经历了风雨，更加壮大，他也迎来了自身的蜕变。

每个人，从你进入公司的第一天起，你的进步、个人能力的锻炼与提升都与公司的发展息息相关。只有公司发展好了，个人才会有更好的发展。因此，在职场上，每个人都要树立主人翁精神，把自己看成公司的主人，既要与公司共发展、同进步，也要与公司风雨同舟，共患难。

有一个比喻非常好，公司是一艘船，员工是推动公司不断前行的水手，让船乘风破浪、安全前行。一旦遇到了风雨、暗礁、海啸等风险，我们就有责任、有义务与公司一起抵御风雨，尽到一个水手的责任，而不能轻易选择逃避。

与公司风雨同舟是职场自古不变的黄金原则，也是员工的神圣职责。那么，在职场中，当公司遭遇困境的时候，我们应该怎样去做呢？

一、做好本职工作

任何一家公司的发展壮大都不可能一帆风顺，公司发展遇到瓶颈的时候，作为公司的一员，首先要做好自己的本职工作，而不能乱了阵脚。

二、能够为公司建言献策

老板不是万能的，面对困境，他也可能会有思维局限。所以，作为公司的一员，应该想办法让公司摆脱困难。当你有好的想法时，更要勇敢站出来献言。

三、在公司有需要时，绝不推诿

患难见真情。如果公司在困难的时候，需要你额外提供帮助，你就要伸出援手，绝不推诿，这也是你展示自己能力的绝佳时机。当公司顺利走出困境，你也能够得到极大提升。

在职场上，很多人只把公司看作赚钱糊口的工具。公司遇到危机就辞职不干的人，是很难获得成功的。这样的人，注定会过一辈子平庸的生活。共情力高的员工，会将公司当作承载自己梦想的载体，与公司共同渡过难关，成就公司的利益，也实现自己的职场梦。

一个能够时刻与公司共命运的人，才能获得长远的发展。当你与公司同生死、共命运，公司也会给你最大的回报。

工作金言

没有与公司共发展、同进步的思想，也很难做出什么成绩。如果出于职业道德和职业需求，与公司同舟共济，真心付出，就能在事业的道路上有所收获，获得更大的发展空间。

问题思考

老板是掌握公司发展方向的人，也是决定公司存在与否的人。那些能够与老板同舟共济的人，必将得到老板最大的奖赏。

思考一下，你是否在进入公司时，就抱着一种不好就撤的心理？当公司遇到困难时，你是否只想着如何尽快脱身？

比薪水更重要的还有成就感

在很多人看来，工作就是为了赚钱，这无可厚非。但是当你有了更多的钱之后呢？那些世界顶级的富豪们，他们工作的目的绝不仅仅是为了赚钱。

的确，每个人去工作，首先是为了解决生活中的物质需求，这无可厚非。但是工作给你带来的东西中，薪水只是一种表现形式，而你获得的还有个人成就感。

为工作而工作，就像为吃饱而吃饭一样，你仅仅是吃饱了，而并没有享受到食物的美妙。优秀的职场人士更善于在工作中，发掘自己的潜能，提升自身的能力，创造自己的事业。

林铭是一家商贸公司的高级职员，领导很器重他。有一次他在和朋友聊天聊到物价时，朋友说："你这月月高薪的人，物价再涨，对你们影响也不大。”

听了朋友的话，林铭一下子愣了，想了想自己是高薪吗？于是向朋友询问，他所从事的行业高级职员月薪都是多少，听了朋友的话，他才明白，同样的职位，自己竟然和他们差了这么多。

于是，在工作的时候，林铭一直想着这件事，想和领导提出加薪的要求，又不好意思开口。久而久之，他对工作越来越懈怠，业绩一再下滑。领导看着他的业绩和工作态度越来越差劲，也不再重视他了。

几个月后，领导听说他在物色新的公司，准备跳槽，于是当他递交辞职申请时，毫不犹豫地签了字，一点都没有挽留。

林铭来到新的公司后，并没有像想象中那样拿到高薪，而是先要学习、适应新公司的发展模式。

后来，他碰到原来的同事，同事非常遗憾地说：“其实，我们都还嫉妒你呢，领导准备年会上就宣布对你新的任命，但没想到你竟然辞职了……”

案例中，林铭在原公司有着较高的职位，虽然工资不高，但一直很有成就感，老板对他也很信任，并准备给他升职加薪；但他在听到别的公司工资更高的时候，便闷闷不乐，一直想着追求更高的工资，于是开始懈怠，以至于离职，反而错过了更多。

如果林铭不是为了薪水而工作，那么他收获的不但是翻倍的薪资，还有更加美好的人生前景。

嘉信理财的董事长查尔斯·施瓦布曾经说过这样的话：“如果一个人对工作缺乏正确的认识，只是为了薪水而工作，很可能既赚不到钱，也得不到成长。”

虽然薪水是工作目的之一，但是从工作中真正获得的东西却不只是工资卡中的数字，而是工作带给你的成就感。成就感是一个人在职场上，不断打拼的精神支柱。只是为了薪水而工作的人，只能永远都是做普通工作的平庸之辈。

因此，我们要做到以下几点，不要只为了工作而工作。

一、以一种积极的心态、长远的眼光看待工作

以一种积极的心态、长远的眼光看待工作，着眼于长远利益和集体利益，为公司谋福利的同时也实现自己的价值。那么，你从中得到的就不仅仅是装在信封里的钱了。

二、在工作中寻找成就感，成就感就是事业心

当你把一份工作当作自己的事业，你就不再仅仅是为薪水而工作了，一切别人眼中的枯燥与艰苦，就都成了甘之如饴的体验。

三、将工作看成一种学习的途径

工作的时候把学习技术、学习经验摆在第一位，而不是为了完成任务。

所以，不要再做一个只为薪水工作的职员了。工作虽是为了生计，但是，通过工作使自己的潜能得到充分地发挥，比什么都重要。

工作金言

一个以薪水为个人奋斗目标的人，是无法走出平庸生活模式的，也从来不会在职场上获得很高的成就。

问题思考

某大学招聘会结束后，某公司的一位经理分享了自己的招聘经历。

参加面试的是一位刚刚毕业的大学生，经理看了一眼简历，接收到以下信息：90后、本科、在校成绩良好。

面试者穿着随意，面无表情，厚厚的眼镜框架在鼻梁上。对于这次招聘，经理并没有抱多大希望，但还是希望能够在这些大学生中，挖掘出一些值得培养的人才。但是当他问了几个问题后，便对眼前这位年轻人失去了兴趣。

经理：你有没有哪些问题是需要问我的？

面试者：工资是多少？

经理：不同的岗位，实习工资不同，还要考虑实习生的能力。

面试者：那我呢？

经理：你刚才的所有回答，都没有明确地让我知道你能做什么。

面试者：反正应聘这个职位的总有个大概的薪水吧？

经理：这个岗位，实习生从一千多到三千多的都有。

面试者：本科也这么低吗？

经理：也有三千多的，而且不一定是本科，本科不意味着薪水高。

面试者：一般的岗位，大多数公司都愿意选择专科生，他们都觉得专科生比较能吃苦。

……

最后，这位面试者没有成功。

这位面试者为什么没有成功？结合你自身的经历，谈一谈你是否觉得成就感比薪水更重要。

用“情”工作，最大的受益者是自己

很多人，就只是在朝九晚五的枯燥工作中，完成任务，获得报酬，仅此而已。如果说到对工作的热情、对公司的感情，全都是抱怨和不满足。一旦公司遇到危机，就恨不能赶紧逃离，这就是对工作毫无感情的表现。

一个人的工作态度和热情可以折射出他的人生态度和价值取向。工作不仅是你获得报酬的途径，更为你提供了锻炼、提升自身能力的机会，为你提供了展现人生价值的舞台。

当你对自己的工作产生了感情，就会更加努力地去工作，而工作也会回报给你更多。这时候，工作就不再仅仅是工作，而成了你一生为之奋斗的事业。如果只是毫无感情地工作，就会在工作中斤斤计较、怨声载道。当公司需要你奉献的时候，你肯定心不甘情不愿。这样，你想升职加薪，自然无望，更谈不上会有自己的事业。

阿基勃特曾经是美国标准石油公司的一位小职员，他其貌不扬，各方面能力也都很普通，常常被同事们忽视。但阿基勃特无论是出差，还是休假，只要有签名的机会，阿基勃特总是在自己名字的下方，写上“每桶 4 美元的标准石油”。

他几年如一日地保持着这个习惯，同事们都很不理解，甚至嘲笑他，叫他“每桶 4 美元”。

慢慢地，公司董事长洛克菲勒知道了这件事，他感到非常震撼：“竟有员工如此努力宣扬公司的声誉，竟然有员工对企业这么有感情。”

于是洛克菲勒决定要见见这位与众不同的小伙子，并邀请阿基勃特共进晚餐。

很快，由于业绩突出，阿基勃特升职了，此后，他更是连年晋升。后来，洛克菲勒卸任，阿基勃特成了标准石油公司第二任董事长。事实上，阿基勃特也是标准石油公司历史上贡献最大的一任董事长。

阿基勃特曾经也是一个很普通的人，但是他凭借着对企业执着的热爱，对自己的工作投入了巨大的感情，坚持了别人坚持不了的事情，最终取得了很多能力超群的人所企及不了的成就。

对事业有深厚感情的员工，才会对企业有归属感，才会获得企业更多的培养和提升的机会。所以，每个人都要在工作中投入感情，把自己和公司的发展、同事的相互协作以及公司里的一草一木联系起来。投入感情去工作，你就能收获惊喜。

那么，我们具体该如何做呢？

首先，不要把压力都归咎于工作，而是要发现工作中的乐趣，并思考如何在工作中脱颖而出，体现出个人的价值。

其次，干一行、爱一行、专一行是保持工作热情的良方。也许，你刚开始入职的时候，并不喜欢自己所在的岗位，但只要你端正态度，做好每一项工作，就能慢慢培养起对这份工作的感情。

最后，要善于调整自己。很多人在一个工作岗位或一家公司待的时间一长，就会觉得枯燥无聊，甚至开始懈怠工作，这无疑是在破坏自己与这份工作之间的感情，有人还会因此而辞职。如果能够在工作中善于调节自己，包括工作、工作之余与同事之间的相处等，都会有效避免这种情况的发生。

总之，在工作中投入热情、激情、感情，你的工作就不再枯燥无味，还能促进自身能力的提升，开辟出一条顺畅的职场之路。

工作金言

在工作中投入感情，是你开拓职场未来的第一步。

问题思考

炎炎夏日，大卫·安德森和一群工人正在铁路路基上工作，他是这家铁路公司的一位主管。远远驶来一辆列车，工人们都停下工作，等待列车停下。

很快，一节特制的并且带有空调的车厢停在了工人们面前，窗户打开了。“大卫，是你吗？”一个低沉的、友好的声音传了出来，说话的正是他们公司的总裁吉姆·墨菲。

大卫·安德森回答说：“你好，吉姆，见到你真高兴。”接着，两人愉快地交谈了一个多小时。

事后，同事们纷纷走过来，围住了大卫·安德森，都问他为什么会和公司总裁成为朋友。大卫解释说，二十年前他和总裁曾经一起在这条铁路上工作，就像他们现在一样。其中一个同事半认真半开玩笑地问大卫：“为什么你现在仍在烈日下工作，而吉姆·墨菲却成了总裁？”

大卫说：“那时候我为 1 天 175 美元的薪水工作，而吉姆·墨菲却是为这条铁路而工作。”

结合以上故事，你是否意识到工作中需要投入感情，激发工作热情，才更有利于自身的职业发展呢？谈谈你的想法。

共情力加油站：用“情”工作，树立全局意识

有很多人会感到工作无聊，抱怨工资太低，觉得职场上死气沉沉；同事之间、上下级关系难以处理，工作氛围要么太紧张、无生气，要么太拖沓、很松散；公司一遇到困难就先想着赶紧另寻出路，找不到归属感，对工作提不起热情等。这些都是因为你没有在职场上充分发挥自己的共情思维，没有理解上司、公司以及同事的难处，只工作在自己的世界里。

在职场上，要想做好工作，顺利完成上司交代的工作任务，就必须要发挥共情思维，包容工作，理解上司。只有做到这一点，才能进一步完成好工作。那么，具体应该怎么做呢？

一、换位思考很重要

我们常常会说到换位思考，这是激发一个人同理心最普遍，也是最普通的方法。在工作中，对一项工作或某个问题，人人都有自己不同于他人的理解和看法。而一旦能够站在其他人的位置上去思考，看问题的角度就会发生改变，同时也会对别人的看法多一分理解。

因此，在工作中，要时时刻刻换位思考一下，你自然而然也会对同事、

上司甚至公司多一分理解，对工作也多一份热情，工作起来也会更加舒心。

二、在工作中投入感情

很多人认为工作就仅仅是工作，一个赚钱养家糊口的工具，总认为是在为老板和公司工作。这样，一边是无休止的抱怨，一边又不得不工作，整天郁郁寡欢，生活也黯淡无光。

一个有着良好共情思维的人，会在工作中投入感情，把工作当作个人成就感的来源。有了成就感，就不再仅仅将工作看作是养家糊口的工具，而是涉及自己的职业生涯。

三、树立大局意识

在工作中树立大局意识包括两个方面：一是工作的时候要从全局出发，不是仅仅完成工作，而是服从工作安排，不断突破自己，为公司创造效益。只有公司发展了，个人才能有发展。二是要规划好自己的职业之路，用发展的眼光看待工作中遇到的问题，难题也是进步和成长的磨刀石。

共情力高，就是有同理心。任何一件事，只要有了同理心，就会变得轻松、简单起来，工作也是一样。所以，每一个人都要注重培养自己的共情思维，做到以上三点，工作就不再枯燥无聊。如果遇到难题或不顺心就想到跳槽，不懂得与公司同进退，个人的职业生涯便会停滞不前。

第 2 章

沟通要有共情力，工作才会高效率

工作中，沟通是做好一切的关键。无论是与客户沟通，还是与上下级、同事沟通，都要善于运用共情力；站在对方的立场上，进行有效的沟通，这样才能不断提高工作效率。

与客户沟通，不要太计较，要换位思考

要知道，每个人看问题的角度不同，对一件事的理解、态度、反应也不同。如果每个人都站在自己的角度去解决问题，必定漏洞百出。

在工作中，很多人都非常努力，但结果却总是不尽如人意，这就可能是你在沟通上出了问题。在与客户沟通时，只站在自身的角度看问题，就会将自己置于客户的对立面，因而完不成工作，维护不好客户，甚至失去很多潜在客户。

李雯是某汽车4S店里的销售员，有一次，一位咨询了好几次的客户来交车款，刚谈好，另一位同事走了过来，笑嘻嘻地问："唉？昨晚的节目看了没有啊？那谁实在太搞笑了，没想到他还有这么一面呢！"

李雯也哈哈笑了起来，说："看了看了，真期待下一期节目。"一边说着，一边伸手接单，没想到客户扭头就走了。

李雯苦思冥想了一天，终于忍不住拨通了客户的电话，询问客户为什么在最后改变主意。

客户不高兴地说："我觉得你们一点都不尊重客户！"

李雯感到很惊讶。客户继续说道："本来，我告诉你，我女儿刚找到了一份很不错的工作，但你却一点都没听见似的，扭头就和别人聊起来，上一次也是这样。"

李雯听后，懊悔极了，她想起同事过来找她时，客户似乎是在跟她说话，而当她准备接话时，客户已经走了。

李雯最终没有签下单子，就是因为她没有站在客户的角度，忽略了客户的感受。换位思考一下，如果你是客户，当销售员在与你签单的时候，还忙着与同事说闲话，不把你当回事，你还会高高兴兴地付钱吗?

孔子曾经说过："己所不欲，勿施于人。"换位思考，就是假设自己站在对方的立场考虑问题。我们与客户沟通的时候，要站在对方的角度考虑一下，如果我们是客户，都不能接受这样的条件，就不能要求客户去理解或接受。那么换位思考，具体应该如何做呢?

首先，要学会把别人当自己。

换位思考就是要充分站在对方的立场上去看待问题，所以，在沟通时，要学会转变自己的角色，把对方的事当自己的事。这样，才能更加明确对方的想法，从而多想想可以为对方做什么。

其次，在沟通中，要随时适应客户的需求变化。

客户的态度、脸部表情无时无刻不在传递着信息，抓住这些细微表情，适时体察客户的心意，切中"要害"，在沟通的时候就能做到有的放矢。

最后，给客户提供最合适的服务。

明确了客户真正的需求，就能够给对方最合适的服务。在沟通的时候，要注意委婉表达自己的观点，真诚地分享自己的经验，多解释自己的想法，让客户更加乐于接受你的想法。

总之，与客户沟通，不能只考虑自己的需求。不为客户着想，一定会失去客户。将共情力运用到沟通中，尤其是与客户沟通时，更应该充分发挥共情力，让客户感受到你的理解和认同。这样才能有所收获，不断开发新的客户。

工作金言

换位思考、为对方着想是与客户沟通时的必备“武器”，只有感同身受，才能更好地了解对方，从而给客户更好的产品体验和服务。

问题思考

20世纪60年代，本·达菲在纽约一家小型的广告代理公司工作，他是这家公司的一名销售员。有一次，本·达菲了解到很多同行公司正在争夺一个大客户——美国烟草公司，这家大型企业正在寻找新的代理商。

本·达菲回到公司后，立刻联系美国烟草公司，并与他们的总裁约定了面谈的时间，然后马不停蹄地开始为这次会面做准备。但是，有一个问题始终困扰着本·达菲：我能跟这位大公司的总裁说什么，才能让他相信我和我这个小小的广告公司呢？

突然，本·达菲想到了什么：“如果自己是这家公司的总裁……”他搜集了许多关于这家公司和总裁的资料，一边看一边继续往下想：“我知道这个叫作本·达菲的家伙要来向我介绍他们公司，期待与我合作，我会怎样做呢？我会问他什么呢？”

接着，他写出了一长串问题，如果他是美国烟草公司的总裁，他想了解的就是这些问题。然后，他又把这些问题分类、整理、归纳，削减成10个，并给这10个问题准备好答案。

面谈的这一天很快就到了，本·达菲被带到总裁办公室，拘谨地自我介绍后，他说："我想您一定想通过今天的会面知道我们公司的一些情况，所以我准备了 10 个问题，或许其中的答案也正是您想知道的。"

"您的想法很有趣。"总裁笑着回答，"事实上，我也做了同样的事情，写了 10 个问题。你愿意交换一下我们的问题吗？"

两人看着对方列出的问题，不约而同地笑了起来。

这时候，总裁说道："我看了一下，10 个问题中有 7 个是一样的。"本·达菲笑着点了点头。

总裁接着说："我觉得我们有必要进行讨论，得出一个双赢计划。"

就这样，本·达菲在众多来访者中脱颖而出，获得了美国烟草公司的肯定，得到了一笔价值百万的生意。

你能从本·达菲的做法中，体会到换位思考在与客户沟通中的重要性吗？结合你的实际工作，谈谈你是如何做的？

与上司沟通，不要一味服从讨好，要以解决问题为出发点

在职场上，有不少人总以为只要讨好上司，就能获得上司的喜欢。上司就会给你开绿灯或者特殊的权利，让你做事情变得轻松，或是受到重用，得到额外的好处。这样，工作轻松、工资到手，一个月就过去了。真如你想象的那样吗？

其实，在现实中，就是要把工作做好。工作做不好，再多的讨好都只是跳梁小丑的行为。

王莉莉从小家境优越，为人处世也很是圆滑。高中毕业后，父母送她去韩国留学，在韩国顺利读完大学。找工作的时候，她听说韩国有家公司要在中国设立分公司，开拓中国市场，便去应聘，并凭着自己的籍贯和语言优势，成功进入这家公司。

中国分公司领导是中国人，觉得她在韩国留过学，平常也很关注她；但是在实际工作中，却发现她做事很拖延，态度不积极，工作不思进取。让她做一个培训课件，她从百度文库里搜了一个，下载下来直接在会上照着念；让她做一个照片墙，她左拖右拖，一个月还没做好。

但她对韩国人的事却很上心，韩国人托她办理就业证，她就跑前跑后，非常积极主动。不仅如此，还常常买一些吃的，送给韩国总部的同事们；有出差任务的时候，更是积极主动地往韩国总部跑。

这些，分公司领导都看在眼里。不久，韩国总公司来中国视察工作，王莉莉更是忙上忙下，联系韩国同事、制作横幅，没有一处不上心。但是韩国老板了解了她的日常工作表现，便频频摇头。

不久，在总公司领导的授意下，人事部将她辞退了。

在上述案例中，王莉莉在工作中，做了很多讨好韩国同事和上司的事，却不曾在本职工作上用心，最终导致她失去了这份工作。由此可见，在职场上，在和领导相处沟通中，最重要就是工作，而不是想着如何“投其所好”地讨好上司。

的确，在职场上，每个人的成长和进步都离不开上司的栽培，也在一定程度上决定着你的前途，所以合理处理与上司的关系非常重要。最重要的一点就是，沟通的时候，切忌阿谀奉承，而是要以解决工作中的问题为出发点。一味讨好上司，并不是明智的做法，如果因此而影响到工作，更会有被淘汰的可能。

一味地讨好只是浪费时间，有效的沟通才会使你工作更加高效轻松。那么，与上司沟通，应该注意哪些问题，才能让你与上司的沟通既舒适又高效呢？

首先，要知道，职场上，你的能力是决定你是否得到重用、获得升迁的重要因素，而不是讨好；再会讨好上司的人，工作能力不行，也会被淘汰。所以，在职场上，最重要的就是要端正心态，提升自己的能力，这样走到哪里都受欢迎；而讨好的人则会遭到同事的嫌弃和鄙视。

端正心态，做好准备工作，在与上司沟通的时候不卑不亢，对答如流，给上司留下自信、中肯、大度的好印象，成为他心目中的可造之才，这才是最正确的做法。

其次，在职场中，第一要义就是做好自己的本职工作。与上司沟通，沟通的重点也是工作。当上司问你工作的时候，你顾左右而言他，再用讨好的方法去填补，只会让上司觉得你能力不行，甚至因为你在工作上的不用心而辞退你。

最后，上司能从你汇报工作、解决问题的态度和方法上看到你的能力和潜力。所以，沟通的时候，要抓住重点，叙述有逻辑、条理清晰；不能没有主次，泛泛而谈。只要抓住这一点，上司会对你刮目相看，也会更加认可你的能力。

在工作中，与上司的沟通直接决定着你的职业未来。站在上司的立场上，用共情思维去思考一下，如果你是领导，你希望自己的员工处处讨好自己，而工作做得一塌糊涂吗？你会喜欢或重用这样的员工吗？

工作金言

在工作中，最重要就是把工作做好，再会讨好上司，工作做不好也是徒劳。

问题思考

晓婉刚刚大学毕业，她学的是文秘专业。毕业后，应聘到了一家做媒体宣传的公司做秘书。老板没有一点架子，人很随和，同事们之间也很和睦。为了尽快熟悉自己的工作，取得老板的信任，晓婉在工作中有以下几种表现：

1. 在工作之余，收集前任秘书撰写的通知、讲话稿等相关文件，摸清老板的用词喜好。

2. 每天下午准时主动为老板准备下午茶，给老板带一些家乡特产。

3. 主动与各个部门沟通，及时向老板汇报情况。

4. 安排会议时会提前通知各个部门，一切准备就绪再去请老板。

5. 老板出差订机票时，为老板订头等舱，为部门经理订经济舱。

晓婉的以上几种工作表现，你认为哪一项不合适，请说明理由，并对其他几种情况进行评析。

与同级沟通，不要拐弯抹角，要真诚讲原则

在职场中，每个人的工作都离不开同事的配合与协作，同级之间的沟通和交流也是必不可少的。公司里只有各个部门相互协作，遇到问题高效沟通，才能共同为公司谋利。所以，同级之间真诚的沟通很重要，拐弯抹角地说话只能给工作增添阻碍。

卢鹏和王进分别是某互联网公司技术部和产品部的部门领导，卢鹏性格含蓄，不擅长与人打交道，遇到问题喜欢自己钻研。

王进进公司时间比较长，是个急性子，又是老员工，有些成绩。他去技术部解释产品需求的时候，常常颐指气使，一副不把技术部门的研发人员放在眼里的样子。卢鹏嘴上不说，但看着自己部门的员工受委屈，自己心里也不爽，这分明是不给自己面子。

有一次，王进不敲门就闯进技术部的办公室，并明显带着情绪地说："这么一个小小的需求，你们做了几天了都没有做出来，客户那边着急要呢！"

员工们看到王进进来，都不说话，只埋头敲代码，王进又问道："你们总监呢？"

这时，卢鹏正巧进来，他看都没看王进一眼，一声不吭地走进去，开始和员工交流工作、调整进度。

王进找了个没趣，一气之下跑到总经理那儿诉苦，总经理很不耐烦地打断了他："还是要好好沟通，技术部的人员已经很辛苦了，昨天还有两个员工加班到 11 点多呢。"

"可是一个需求这么多天都做不出来，能不着急吗？"王进不甘心地说道。

"客户那边也要沟通好，要你们不是光会提需求、找茬儿的！"总经理明显有些不高兴了。

王进心里憋了一肚子委屈，更加看不惯卢鹏，卢鹏也不愿意搭理王进，两人见了面都绕道走。眼看着客户一个个流失，王进都无动于衷，他发誓宁可不要业绩，也不去自找没趣了。

一年后，技术部的工作量逐渐减少，公司只好裁掉了几名员工，产品部的工作业绩也上不去，总经理正在考虑换人。

案例中，卢鹏和王进作为同一公司里两个不同部门的领导，当遇到问题的时候，王进不去先找卢鹏沟通，而是冲进部门办公室质问；卢鹏也不主动与王进沟通，只是自己闷声解决。最后，技术部和产品部的工作都受到了影响。

这就是沟通不畅导致工作无法顺利进行的典型案例。所以，同级别部门领导之间的有效沟通非常重要。

公司里每一个部门都不是独立的个体，而是需要彼此配合，才能完成工作，共同为公司谋利。如果遇到问题，每个部门领导只自己解决自己的，或是不解决问题，只发泄情绪，那公司只能是一盘散沙。那么，如何与同级别的同事进行沟通呢？

首先，遇到问题不要回避，更不能等着对方来跟你沟通，而是要主动去协商解决。因为大多数情况下，有些问题在一个部门是问题，在另一个部门根本就不是问题。发现问题后，立即与相关部门说明，清楚表达自己的需求和需要配合的关键点，还应询问对方部门是否也需要自己的配合。

其次，尊重是沟通的基础和前提。每个人都希望能赢得别人的尊重，颐指气使、质问、嘲笑等不尊重的态度都是沟通的障碍。所以，沟通时要掌握好说话的分寸，不要因为不合适的言语而导致沟通无效。

最后，还需要注意，打小报告是职场大忌。如果对方不小心知道你打小报告这件事，更会给以后的沟通增添阻碍。如果沟通遇到问题，双方不欢而散，应请上级领导前来协商，但决不能打小报告。

此外，轻松高效的工作是建立在真诚有效的沟通之上的。部门与部门之间是息息相关的，一个部门的工作做不好，会不可避免地影响到另一个部门的工作。所以，沟通时要态度真诚、尽力配合对方的工作需求。

在职场中，很多工作都是相互关联的。如果在与同级沟通的过程中，不讲究方法，沟通就势必不会通畅，更会影响到整体的工作效率。因此，运用共情力，真诚讲原则的沟通在同级之间非常重要。

工作金言

真诚讲原则是同级别同事之间沟通的法宝，拐弯抹角只能为工作增添负累。

问题思考

乔宇大学毕业后，进入一家传媒公司实习。后来发现老板是只高他几届的学长，于是他积极主动，工作努力。虽然他只是一名剪辑师，但公司里很多活动，学长都会带着他。他的剪辑能力没什么提高，却在活动策划、会场布置以及人员安排上学到了很多。

老板也很喜欢这位学弟，随着业务量的增加，第二年，就升他为活动策划部的经理。这一升反倒给乔宇带来了烦恼。有一次，乔宇私底下和学长吃饭，说自己还不如没有当经理之前快乐。

原来，乔宇近几个月和业务部门的王经理闹得很不愉快，活动时间常常排不开。有一次礼仪小姐的礼服都找好了，客户临时变卦，王经理也不及时通知，礼仪小姐们穿着不合适的礼服就上去了。几个会场布置的员工也累得够呛，大家都怨声载道。

“本不该跟你说的，但我实在忍不住了。”乔宇无奈地说道。

学长笑了笑，说道：“你跟我说还不如跟王经理说，你们好好沟通，多体谅对方，什么事都没有了。”

乔宇若有所思。第二天，他就去找王经理，了解了一下业务部的具体工作流程和进度，并将自己部门的情况说明。王经理见乔宇这样热情，心里也很高兴。

你是否也遇到了与乔宇一样的困惑，你怎样理解总经理说的话呢？

与异性沟通，不要玩暧昧，要自然大方

职场就是一个人际交往能力的验证场所，要想在职场中获得发展，就需要有良好的人际关系。其中，和异性同事如何相处至关重要。特别是对于职场新人而言，与异性相处时更要多注意，待人接物要得体、大方。

燕子性格开朗活泼，没有男朋友，她是某公司销售部的员工，主要负责销售后勤的工作。

小姜则是品牌策划部的员工，和燕子年纪相仿，也是单身。小姜也是性格开朗，平常爱开玩笑，没事就喜欢逗逗公司的女孩子。

两人平常基本见不着面，但有一次燕子去策划部要核销资料，小姜看燕子也是爱说爱笑的女孩子，便多说了几句。

从此，二人接触就慢慢多了起来。小姜老远看见燕子就喊她，平常还少不了嘘寒问暖的，燕子慢慢也觉得小姜对自己有意思。小姜性格好，燕子也挺喜欢他，二人经常一起相约去吃饭，上下班也等着对方一起坐车回家。

慢慢地，办公室的风言风语就传了出来。燕子听后，也不避讳，偶尔还会给小姜带个早餐，下午茶时间还会给他送点小零食。

小姜也不拒绝，给什么都收着。

同事们没事就有意无意调侃他们，刚开始燕子还不好意思，后来听得多了就不当回事了。小姜开始还觉得就是同事们瞎说，但他一看燕子有些认真了，便找机会和燕子说，以后要保持距离，他们就是同事，顶多算是普通朋友，他没有别的想法。

燕子一听，立刻愣住了，羞愧难当，决心再不与小姜说话。

从此，二人都尴尬不已，很多工作中不可避免的见面，燕子都会找同事帮忙，躲着对方。

案例中，小姜的主动搭讪，嘘寒问暖，让燕子误认为这是对方在表达喜欢她的一种方式。其实小姜平常就是喜欢逗逗身边的女孩子，这是他的习惯。虽然当他看出燕子动心之后，立刻表明自己的真实想法，但无形中已经伤害了燕子的感情，最终二人不仅连普通朋友都做不成，甚至还影响到了正常的同事关系。这种不清不楚的暧昧给工作带来了不必要的烦恼。

在职场中，异性同事之间的相处往往是人们津津乐道的话题，处理不好，就会引来流言蜚语，给工作带来不便。其实，在工作中，与异性同事沟通的时候，每个人都要注意自己的态度、说话方式。

一、消除性别观念

工作不分男女，所以你要尝试以一个成年人的状态去和异性同事去沟通，女性不要撒娇卖萌，不要觉得自己是女生，就要被特殊照顾。男性不要油嘴滑舌，不要在工作中发散你的大男子主义，去保护女性，而要以平等心态来接触、交流。

二、要保持合适的距离

工作中的接触，大多都是工作需要，除工作外，异性之间应尽量减少单独相处的时间和机会。除非彼此相熟，彼此的另一半也都认识，在大家都比较认可的情况下可以更多相处，否则要尽量避免，以免造成不必要的麻烦和误会。

三、衣着得体、自然大方

穿衣打扮要大方得体，尤其是女性，不宜穿过于暴露的衣服，不宜浓妆艳抹。要知道，公司是工作的地方，不是展示个人魅力的地方。遇到比较烦人、总是油嘴滑舌的同事，最好的方式就是保持礼貌的微笑，制造距离感。

办公室里的暧昧，是随着双方工作接触频繁后产生的情愫，在沟通的时候，做到以上三点，就能大大降低异性之间产生暧昧的概率。

总之，要在平时的工作接触中把握好分寸，不要给对方造成误解，也不要持有抵触情绪。自己更不能有过多的想法，自然大方是最好的状态。

工作金言

异性之间的暧昧不清是职场大忌，不仅给自己带来流言蜚语的困扰，也会有损自己在公司的名声，同时影响个人的晋升和发展。

问题思考

小邢是一名刚刚毕业的大学生，她找了一份在家政公司派单的工作。但上班第一天，她就觉得有一名专管工人的男员工特别讨厌，没事就往她所在的办公室跑，办公室里另外两名女派单员一副见怪不怪的样子。小邢看她们不当回事，也慢慢释怀了，但还是会有意无意和那名男员工保持距离。

有一天中午，轮到小邢值班，其他两位女同事都回去吃饭了，那名男同事直接进来，拍了一下她的肩膀说："没事，你回去吧，我替你看着。"

小邢尴尬地笑了笑，说："不用，都快上班了。"

"要不我送你？不用客气啊，妹妹！"男同事又说。

正巧，有几名工人从外面吃完饭回到大厅，小邢才松了一口气，说："今天就不回去了。"

又有一次，中午下班，小邢正要回去，那名男同事不知从哪里冒出来，非要送她，正不知怎么拒绝的时候，一名工人走过来说："没事，他反正顺路。"

小邢就没好意思拒绝。

下午，上班前她又接到那名男同事的电话，说自己就在楼下，接她去上班。

周末的时候，那名男同事又以同事聚会的名义约她出去，小邢心想反正有好多同事，应该没事，就叫上闺蜜陪自己去了。

从那以后，一放假，那名男同事不是打电话请她唱歌，就是请她吃饭。

小邢都一一回绝，最后她实在受不了，只好辞职。

你认同小邢的做法吗？如果是你，你会怎样应对呢？

与下级沟通，不要高高在上，要亲切随和

在职场中，上下级的沟通直接关系到工作能否顺利进行，所以显得非常重要。

作为上级领导，在与下属沟通的时候，必须先放下“架子”，不要高高在上。即使你身在管理层，也要知道，他首先是一个独立的“人”，其次才是你的下属。高高在上的态度会让员工望而却步，更会导致工作进行遇阻。

艾欣是一家公司里的财务总监，前几天刚招了一位会计小 W，负责对公司各项支出的统计，每个月提交两次统计报表。小 W 的工作能力还不错，与同事相处也很好。

小 W 刚进入公司的时候，艾欣觉得她工作很认真，学习能力很强，很是认可。有一次，艾欣在查看她的财务报表的时候，发现了一项很明显的错误，便把小 W 叫到了办公室。

“重新看一下这份报表！”艾欣有些生气，并不想多说话，这简直就是在浪费她的时间。

“嗯……有什么问题吗？”小 W 一边小心翼翼地接过报表，一边小声问道。

艾欣没接话。

过了好一会，小 W 也没有发现哪里有问题，只好紧张地说："艾总，我回去好好检查下，改完后再给您。"

"回去重新做。"艾欣头也没抬地说道。

回去后，小 W 无论如何都没发现哪里错了，只好一个部门一个部门地核对材料，最后发现，原来是有一个部门上报材料的时候不小心多加了一项。

为了第二天上班的时候，把报表重新交上去，小 W 只好加班到晚上十点多才做好。

后来，开会的时候，艾欣为了督促员工，又阴着脸不点名地批评道："有些员工工作不认真，不认真的结果就只能是加班，什么时候做好什么时候下班。"

其实，员工们都在私底下议论在这样的领导手下工作"压力山大"，员工们都越来越害怕与领导沟通，认定了只要一去领导办公室，准没好事。有时工作中遇到难题，都宁可先把同事问个遍，没办法了才去问艾欣。

几个月后，小 W 实在抵挡不了巨大的压力，只好递交了辞职申请。

财务部门人员的流动性也越来越大。

案例中，艾欣作为公司一个部门的总监，在与下属沟通的时候高高在上，很是严厉，导致员工们工作压力很大，新来的下属更是不堪压力，辞去了工作。可见，与下级沟通也应该注意方式方法。

在职场中，上司说话做事的风格会直接影响到员工的工作。有的人和员工沟通的时候平易近人，有的则喜欢用命令式的口吻。其实，身在管理层，大多数人都有员工和上司这样双重的身份。什么样的交流方式能够让自己的工作更加有动力、有信心，就用什么样的方法去对待自己的下属，共情沟通，效果就一定不会差。具体要做好以下三点：

首先，要放下架子，这也是最重要的一点。一个懂得尊重下属的管理者，在与下属沟通的时候，会平等相待、谦虚有礼。这非常有利于调动员工的工作积极性，使他们的潜力得以最大限度的发挥。高高在上只会制造与员工之间的距离感，让员工不敢去主动沟通，这样也会在无形中给工作增添阻挠。

其次，态度要随和。任何人都不喜欢被呼来唤去，所以，用命令式的口吻指挥下属做事，其效果远不如采取商量式的语气好。上司平易近人，员工就更加愿意接受工作安排，也会有一种被重视的感觉，从而格外认真地工作。

最后，要避免在众人面前批评下属。如果由于员工做错事或工作不到位而要批评的时候，可以单独叫办公室狠批。当众批评，会伤害员工的自尊心，甚至会引起员工的不满，最终影响到工作。

总之，如果你身处管理层，总是高高在上，在下属面前摆出一些架子，员工就会与你拉开距离，这也将不利于管理工作的开展。因此，上下级要有良好的沟通，上级就必须在平时放下架子，以平易近人的方式对待下级。只有这样，下级才会对上级敞开心扉，主动去沟通和交流，从而把工作做到最好。

工作金言

高高在上只能把自己变成“光杆司令”，放下身段，体谅理解，平等相待，才是与下级沟通的法宝。

问题思考

小梁从名牌大学毕业后，顺利应聘为一家公司的总经理助理。同学们都跳了好几次槽了，但他在一家公司一干就是三年，最近，他被公司提升为部门副总。

消息公布后，同事们都围过来对小梁表示祝贺，但他看起来有些恋恋不舍，有同事问道："你这是怎么了，升迁了还不高兴啊？"

小梁说："我是舍不得离开总经理啊！"

小梁说的总经理，同事们都知道，性格温和，对待每个人都平易近人，从不命令员工必须去做什么事情。相反，总是会照顾到每位员工的感受，有时候还会征求员工的意见。

交接工作的那几天，小梁每天很晚才下班，他下定决心，一定要向总经理学习。可见，只有做一个温和有礼的上司，共情沟通，才更能赢得下级员工们的尊敬与爱戴。

看完上述案例，你有什么感想？如果你身处管理层，会以怎样的态度和下级进行沟通呢？

共情力加油站：协调好工作中的各种关系

人类，是群居动物。任何工作，都离不开人与人之间的交往，同事之间、上下级之间以及与客户之间的关系时刻都在影响着你的工作。有很多人不善于协调工作中的各种关系，最后导致各方面沟通不畅，难以保证工作效率。

因此，与同事、上下级以及客户之间的积极沟通是解决工作问题、提高工作效率的先决条件。只有沟通到位，才能在行动上保持一致，从而齐心协力地完成好某项工作。否则，各部门之间信息不通，就无法做到心往一处想，劲往一处使。

在职场上，大家都知道团队的配合非常重要，而要密切配合，团队之间的沟通就非常关键。沟通效率的高低决定了执行力的好坏。沟通好，就执行好；沟通不好，执行力就会下降。但在实际工作中，沟通并不是一件容易的事情。

“有一千个读者，就有一千个哈姆雷特。”每个人由于所受的教育程度不同，对外界事物的理解能力也不同，对事物的观点也存在很大的差异。在工作中，大家又必须要达成一致意见。基于此，如何有效沟通，对于提升工作效率就非常重要。

那么，在工作中，具体应该怎么做呢？

一、先处理心情，再处理事情

在工作中遇到问题，首先应该想到的是解决问题，而带着情绪去沟通不利于问题的解决，有时更会增加矛盾，形成更大的障碍。所以，遇到问题需要沟通的时候，要先保持冷静，站到对方的角度去考虑一下，让共情力得到充分的发挥，本着解决问题的心态去沟通，而不是兴师问罪。这样，同事、上下级之间相互理解，工作才能得以顺利地完成。

事实上，我们经常会在公司里看到一些争吵，争吵过后，却发现问题根本没有得到解决。争吵反而容易上升到人身攻击，甚至大打出手。冷静下来后，你会发现对方也有对方的难处。

工作中一定会有一些事情令你不能理解，继而生气、愤懑，但要想解决问题，就首先要收拾好自己的心情，本着解决问题的心态去沟通，试着去倾听对方的观点，这样才有利于事情的处理。

再者，能够选择冷静沟通也是一种个人素质的体现，那么这个人也会是一个受上司、同事和下属欢迎的人，他们间接为公司创造一个良好的工作环境，是职场中的赢家。

二、先倾听，再表达

顺畅的沟通是在互相理解的基础上的，而理解重在倾听。做任何一项工作的沟通前首先都要做到倾听，只有通过听，才能充分理解对方的观点和想法；理解了对方，再去表达自己，你会发现一切都很顺利。自顾自地表明自己的立场、难处，只会招来同样的不被理解，这样的沟通就是无效的。

在工作中，每个人站的立场都是不一样的，认真倾听会更有助于我们站在对方的立场去思考问题。为什么他会反对我的观点呢？是否有哪些障碍导致对方无法帮忙？一旦开始倾听对方，那么事情就已经向良好的状态发展了。

三、表达清楚，理由充分

沟通首先要明确沟通的目的，沟通时，一定要把自己的观点表达清楚，让对方能够明白你的意思。必要时，要说明原因，陈述理由，以期获得对方的理解，让对方感受到你为什么要这样做。

罗振宇在《奇葩说》里提到："职场，或者说当代社会，最重要的能力是表达能力。一个表达能力强的人，远远超越那些心里有话却说不出来的人。而表达能力强的人，多半是共情沟通的高手。他们知道要说什么，说给谁听，说哪些有效。"

在职场中，沟通是工作的前提，有效、顺畅的沟通有助于我们提高工作效率。有些人习惯于站在自己的立场上，急于表达自己的需求和观点，而忽略了对方的感受，这是缺乏共情力的表现，也是工作效率低下的原因。

第 3 章

保证完成任务，用共情力去突破难题

在工作中，遇到难题是在所难免的，试着运用共情力，去突破难题，而不能用逃避、放弃等消极的态度来应对。那样，永远完不成工作任务，问题还会像滚雪球一样，越来越大。

提升共情力，服从工作安排

在工作中，经常不服从命令，还时不时就跟上司对着干的员工最让领导感到头疼，不是因为难管头疼，是因为不服从，工作任务就难以完成。

共情力高的员工，能够体谅、理解上级领导，他们服从安排，努力工作，想办法解决问题。这样，不仅有利于自己更好地完成工作，更对自身的职场发展意义重大。

而那些共情力低的员工，只会从自己的角度出发，考虑自己的利益；如果觉得领导安排的工作对自己不利，就会拒绝，或者消极怠工，敷衍应付。这样的员工即使能力出众，最终也难逃被淘汰的命运。

某公司是做设计生产汽车座椅生意的，有一年9月底，公司突然接到一单生意，需要尽快完成，最好在10月底完成。

张鹏所在的生产部接到工作任务，非常紧张，本来就只有一个月的时间，中间还要经历一个国庆长假。时间紧、任务重，怎么办？最后，公司决定国庆期间不休息，全体员工加班加点完成订单。

眼看就是国庆节长假了，很多员工早已为自己的假期做好了安排，有的已经买好了火车票回老家；有的已经选好了出游地……

张鹏也和女友约好了去黄山游玩，这是早就答应女朋友的。现在看着女朋友天天兴致勃勃的样子，他实在不忍心说，只得一边努力工作，一边想办法。

到了放假前一天，张鹏突然打电话告诉班组长，自己生病了，正在医院检查，10 月 1 日早上，他拿着有医生签字的病假条向班组长请假。虽然工作任务繁重，但领导还是批准了，让他在家休养。

然而到了第二天，班组长布置好生产任务，便和一位人力资源部的同事去看望他，却发现他家的门锁着。见状，班组长不放心，还特意打电话问他，张鹏在电话里说自己在家休息。这下一切都明白了，等待张鹏的将是被辞退的命运。

案例中张鹏在公司生产任务最紧的时候，不服从工作安排，谎称生病，最终让领导识破。有很多员工基于多种原因，拒绝或不去完成领导安排的工作任务，最终影响到整个公司的工作，也不可避免地影响到自己的职场前途。

在很多员工的理念中，服从就是“对的就服从，不对的就不服从”，但是在工作中，作为一名称职的员工，只要是上级的指令，就要第一时间去执行。正确与否，上级会有自己的判断。

再者，领导之所以将一项工作交代给你，说明你的能力得到了肯定。如果你能很好地完成这项工作，会将自己的能力反馈给领导，进而让领导因你的踏实能干更加看重你。

总之，即使工作中会遇到困难，也要按照上司的意愿去做，用共情力去体验上级的做事方法。被上司器重的员工，往往是在服从的基础上充分发挥自己的聪明才智，认真执行上司交办的任务，巧妙地弥补上司的失误，在服从中显示不凡的才华。这样的员工，才能在公司里出类拔萃，胜人一筹。

工作金言

提升共情力，心甘情愿地服从，积极认真地去做，才能更容易在工作中干出成绩。

问题思考

理查德是某公司采购部的经理，公司需要采购一批原材料，有两家供应商想与他合作，并提供了相关资料和材料。理查德经过多方考察与研究，发现供应商迈克尔的价格太高了，便觉得对方是一家骗子公司。

于是，他写了一封邮件，毫不客气地回绝了迈克尔，并让秘书珍妮和另外几封重要信件一并寄出。

但后来经过验证，还是迈克尔家供应的原材料好，于是他很懊悔，来回踱着步子说："糟了，糟了。那家公司东西是便宜，但质量根本不合规格，还是迈克尔的货好。我还给人家发邮件，说人家是骗子，这下可麻烦了。"

见状，珍妮站起来说："发邮件时，我看见了信件，还专门来问您是不是确定要发，希望您能冷静一下，但您不听啊！"

"我也是正在气头上，没见过他那样要价的。快拨通迈克尔的电话，我得跟他道个歉。"理查德说。

珍妮不慌不忙地站起来，走到理查德桌前说："不用了，经理。您不需担心，那封信我根本就没发出去。"

"没发？"理查德惊奇地看着她。

"是的。我知道您会后悔，所以就压了下来。"珍妮笑吟吟地说。

理查德放松下来，坐在了座椅上。突然，他又抬头问道："我当时不是叫你立刻发出的吗？"

珍妮依旧笑吟吟地回道：“您是让我发出，但我猜您一定会后悔，所以只发出了另外几封，把这封就压了下来。”

“压了三个星期？”理查德的脸色渐渐沉了下来。

“对！”珍妮说。

“我让你发，你怎么能压呢？你怎么不把另外几封也压下来？”理查德再次站了起来。

珍妮看出理查德情绪不对，但还是硬着头皮小声说：“我知道什么该发，什么不该发。”

“是你做主，还是我做主？”理查德瞪着珍妮说道。

珍妮愣住了，眼眶湿润，颤抖着问道：“我……做错了吗？”

“出去！”理查德很不客气地说。

珍妮满腹委屈，转身走出了办公室。

珍妮越想越难过：真是好心没好报。一分钟也不想在这位难伺候的经理手下工作了。于是，她跑到总经理的办公室诉苦，还表达了希望调岗的愿望。总经理什么都没说，只是让她回到工作岗位，并表示自己会处理的。

几天后，珍妮接到了一份辞退通知。

请问珍妮到底哪里做错了？你是否认同理查德和总经理的做法？

记住，方法总比问题多

在工作中，我们经常会遇到一些挑战，这些挑战带来了巨大的工作压力，有人会因此退缩，最后解决不了问题，完不成工作，这也正是我们不能走向成功的原因。共情力高的员工在遇到困难的时候，往往会懂得自我安慰，对出现的困难表示理解，不抱怨，并主动寻找方法，突破难题。他们相信凡事都会有方法解决，只要努力、只要愿意去尝试，就会成功。

1956 年，艾柯卡在美国福特汽车公司当见习工程师，他的工作地是当时福特汽车销售最差的城市——费城。

工作之余，他听说公司里推出了一款性价比很高的车，这款车功能很好，价钱不贵，但就是销量平平。眼看车辆积压，经理们急得团团转，怎么也想不出让产品畅销的办法。

艾柯卡对这款新车产生了浓厚的兴趣，并开始琢磨：自己能不能想办法让这款汽车畅销起来？

一天，他突然灵光一现，放下手头上的工作，径直来到经理办公室，向经理提出了一个创意。这个创意是：在报纸上登一则内容为“花 56 美元买一辆 56 型福特”的广告。

“谁想买一辆1956年生产的福特汽车，只需先付20%的货款，余下部分可按每月付56美元的办法逐步付清。”艾柯卡解释道。

总经理细想了一下，很快就采纳了这个建议。

结果，效果惊人，短短3个月，该款汽车在费城地区的销售量直线上升，最终成为最受欢迎的一款汽车。

总部听说后，立刻将他调到华盛顿，并委任他为地区经理。

后来，艾柯卡根据公司的发展，审时度势，推出了一系列富有创意的举措，最终坐上了福特公司总裁的宝座。

艾柯卡之所以成功，得到老板青睐，很大程度上取决于他勇于挑战难题，积极寻找解决问题的方法，在关键时刻抓住机会脱颖而出，为自己打开了一扇通往成功的大门。

每个人在工作中都会遇到很多棘手的问题，不同的是，有人选择了退缩，有人选择迎难而上。要想顺利完成工作，就不能退缩，而是要坚信“办法总比问题多”。

这一想法能够支持我们不断克服各种困难、解决各类难题，并能够在想方设法解决问题的过程中不断获得成长、取得更多的成就。为此，我们要从以下几个方面做出努力：

一、面对工作要保持一种积极正向的心态

要保持一种积极正向的心态，这种心态会让你在面对工作遇到的问题时，主动去思考、去想办法、去克服。没有良好的心态，一旦工作遇到难题就会产生推诿扯皮、消极怠工的情绪，进而被动地去应付工作。

二、工作出现的问题和困难往往也伴随着机遇

工作出现的问题和困难往往也伴随着机遇，只有主动去工作，才能在困难来临的时候，把握住方向，更好地找到解决问题的方法。问题得以解决的时候，往往也正是机会来临的时候。

三、打破常规，勇敢地去创新

在工作中，很多时候只需要用一般性思维、凭经验就能完成任务，而当遇到难以解决的问题时，就需要我们去打破常规，勇敢地去创新。善于变通、具有创造性思维的人，工作时更能从容地面对困难，更加高效地解决问题。

要想在工作中有所建树，就必须要做到在困难面前，充满信心，积极主动面对问题，坚持“办法总比困难多”的信念，充分发挥共情力，站在各个方面去看待问题，勇于向困难挑战。这是对自己生命的提升，也是让人生价值最大化的一个快捷途径。

工作金言

方法总比问题多，只要努力去找，解决问题的方法总是有的，而这些方法一定会让你有所受益。

问题思考

曾有一个视频火了，视频中两位保洁阿姨拿着改良过的两边穿了绳子的抹布打扫地下车库顶板的消防管道，两人一人拽住一边的绳子，来回擦，很轻松就把工作完成了。

原来，这是某小区物业准备创建样板小区，要对地库管道进行全面的清洁除尘。以往进行地库管道除尘工作都需要借助梯子、长扫把来打扫，这样，一是有危险，二是来回搬运梯子特别费时费力，而且运用长扫把打扫扬尘非常厉害。

于是，这两位阿姨想出了这样一个办法，省时省力，也赢得了同事们的赞扬。

从这一则新闻得到什么启发？结合自己的工作，你能想到什么呢？

不寻找借口，只管努力去做

身处职场，每个人都会不可避免地遇到一些超出自己能力范围的工作，或者，会在工作中遇到各种各样的问题。这时，往往出现两种态度：一是找借口躲避；二是找方法解决。

不同的态度，不仅是工作效果的差别，更是不同命运的差别。那些共情力高的员工，能够主动找方法解决问题，他们必然是发展最快最好的人；而那些共情力低的员工，只会不断找借口，他们必定不会有更好的职业发展。

小贾在一家公司做总经理助理。她常常觉得工作很忙，一点都不得心应手，尤其是领导出差洽谈业务的时候，很多事她都拿不定主意，更害怕跟着领导出差，生怕出错。

有一次，领导有一项紧急业务需要谈，要求她第二天就准备好材料，然后跟着一起去，争取拿下这单业务。领导通知小贾的时候，都快要下班了。

小贾看了看表，觉得这实在是一项完不成的工作，便推脱说还有另一项工作更着急，自己需要尽快完成，让领导另外找人。

领导没有多想，又赶紧找了小张。小张是一名普通文员，平时工作比较认真。小张当即表示自己可以加班完成。那天，她遇到不懂的地方，就跑去问领导，很晚才将材料准备好。领导下班的时候，看见小张还在公司，便让她明天跟着去出差谈业务。

第二天的洽谈很顺利，对方单位要求审查的所有文件，小张都准备得很到位，连一份基本用不上的文件，她都带了。

领导对她临时完成的这项工作很满意。签完合同，对方公司的代表还特意说："你们的工作做得很细致啊，这助理不错啊！"

回到公司后，领导立即将小张升为助理，把小贾调到了后勤部。

案例中，小贾在接到一项工作任务的时候，觉得很难完成，便以有同样重要的工作需要完成的借口推脱，转而把机会让给了小张；而小张有很高的共情力，懂得为领导分担困难，没有推脱，很负责任地将工作做好，最后得到领导赏识，顶替了小贾的职位。

当遇到不愿意、不想做的事情的时候，不少人就会找出无数个借口。"我之前没有做过类似的工作。""这段时间工作比较多，所以没有足够的时间。""这个事情不是我自己做的。""这个工作难度太大，也没有人帮我。"……在职场中，诸如此类的借口屡见不鲜。

"找借口"是逃避应尽责任的表现，是工作中最大的恶习，它不仅仅意味着工作业绩的失败，甚至会给公司造成损害。英国护理业鼻祖南丁格尔曾经说："找借口是不应该的。我的成功归于我从不找借口，也绝不接受借口。"

所以，任何借口其实都是在推卸责任。要想成为优秀的、更有发展前途的员工，就要做好本职工作，在任何时候，都不去找借口。那么，当我们遇到一些比较难做的工作时，要如何对待呢？

很多人之所以失败，都是因为未曾竭尽所能地尝试，而很多成功都源于最初的敢于尝试。借口躲避工作中的困难，是一个人走向庸碌的第一步。世上无难事，只要肯攀登。只有敢于去接受任务，克服困难，努力做好工作才能不断成长，成为优秀的员工。

再者，任何看起来不可能完成的任务，实际上却是有迹可循的，很多退缩全都始于你的不了解。所以，不要急于找借口推脱工作，将整个工作任务了解透，将遇到的大问题，分成一个一个的小块，逐个解决。最后你会发现，任何难做的工作都能完成，遇到的任何问题都会迎刃而解。

总之，找理由、找借口只是在安慰自己，并不能解决任何问题。想解决问题，只能靠积极面对。所以，工作中每个人都要发挥自己最大的潜能，努力寻找更有效的方法，而不是浪费时间寻找借口。

工作金言

共情力高的员工找方法，因为他想尽力为公司做出贡献，干出业绩；共情力低的员工找借口，因为他自私，不愿意做额外的付出。

问题思考

张文工作能力比较强，性格开朗，能说会道，领导很喜欢、也很器重他。

有一次，张文所在的团队共同完成一个项目，但最后因为他的一点小失误，导致客户非常不满意，整个团队一个月的努力因此也化为乌有。

领导听说是张文的原因，导致项目没有达到客户的要求，于是责问，张文说：“因为这段时间工作太忙了，常常不吃早餐，午餐和晚餐又吃得太晚，导致之前的胃炎犯了，输了几天液，精神不太好，所以出现了这个小失误。”

领导虽然很生气，但因为张文业务能力强，又比较器重他，于是这件事就算过去了。

其实同事们都知道，那几天张文根本没有犯胃炎，而他最要好的同事更是知道，出现那个失误是因为那几天晚上他都在通宵玩游戏。

看到这件事这么容易就过去了，张文反而有些高兴。从那以后，只要遇到自己不愿意去做的事情，张文就重施故伎，用胃不舒服的借口让别人帮他做一些工作。

慢慢地，大家都对他的这个借口心知肚明，甚至他真的不舒服的时候，也没人相信了，成了现实版的“狼来了”。

后来，张文再一次犯了错后，又以胃不舒服当借口推脱，领导终于忍无可忍，辞退了他。

你能从这个故事中体会到什么呢？

没有干不好的工作，只有不好好干的人

有很多人初入职场时，立志要努力工作，不说成就一番大事业，也要成为一名优秀的员工。但真正工作起来却是能敷衍一天是一天，能蒙混一次就蒙混一次，最终不是不能按时完成工作，就是工作完成得不理想。到头来还会推卸责任，埋怨工作难做。而事实上，本来就没有做不好的工作，只是你

没有竭尽全力、努力去做罢了。

秦东高中毕业后便去了广东一家电子厂打工。刚开始，他非常有上进心，工作态度非常好。老板很赏识他，不到一年便从一个工人升为车间主管。但是升为车间主管后，秦东开始对工作懈怠起来。

秦东作为车间主管一松懈，他手下的员工也开始放松了。由于老板对他先前的信任，觉得他不会懈怠自己的工作，于是也没发现他所负责的车间的问题。

有一次，厂里接到一个大的订单，老板很放心地就交给了他，要求这笔单子必须在规定日期内完成。但是秦东接到单子后，一点都没有放在心上，员工们工作效率也很低。

很快，交工的日期就要到了，老板见秦东还没有动静，便去问他。一来到秦东的车间，看到员工们一个个懒懒散散，交头接耳，以为已经完成了。当秦东一看到老板，立刻傻了眼，他都忘了马上就是交工的日期。

老板了解情况后很是生气，督促他们赶快完成，并向客户说明情况，请求宽限几日。接着，秦东手忙脚乱，起早贪黑，不停地催促员工，员工们没办法，工作一快，质量就难以保证。

不出所料，客户拿到货后，非常不满意，有一部分产品完全就是粗制滥造，根本不合格。老板听说后气愤难当，将秦东叫来，阴沉着脸问道："你自己对这批产品满意吗？"

秦东自知有错，没有吭声。

老板接着说："工作就是这么敷衍的吗？你知道你给厂里造成了

多大的损失吗？立刻去给客户道歉，所有的损失都得你自己承担！”

秦东不得不照老板说的那样做，最后，老板还说：“如果还有下一次，你就走人吧！”本来，由于秦东有一定的文化水平，老板想让他锻炼锻炼，慢慢将他升到更高的管理岗位，但他在工作稍有一些成绩后便开始懈怠，还因懈怠工作给公司带来了损失。

秦东在升任车间主管后，开始懈怠工作。领导对他寄予厚望，将一个大的单子交给他，他却完成得一塌糊涂。最后让公司失去了客户，自己还不得不赔偿其经济损失。由此可见，没有干不好的工作，只有不好好干、不负责任的人。

世上无难事，只要肯攀登。工作也是一样，它只有难易一说，没有完不成、干不好一说。之所以完不成，干不好，是因为做这项工作的人压根儿就没去好好干。

要做好一项工作，首先必须摒弃为完成工作而去工作的想法。事实上，工作不仅仅是工作，这个过程更是一个人学习、成长的过程。抱着提升自己的心态去工作，工作会完成得更顺利。

其次，可以把工作当成兴趣，这样工作起来，劲头更足，也会在工作遇到困难的时候，积极寻找突破口，促使自己更出色地完成工作。

工作占据了我们人生的大部分时间，工作做得好不好直接影响到我们的人生走向。不好好工作，只能永远处于职场中最底层的岗位。所以，在工作中要运用共情力，充分理解好好工作对于自身的意义，自动自发，努力进取，成为一名领导器重的优秀员工。

工作金言

不要为你没有完成的工作找理由，唯一的理由就是你没有去好好干。

问题思考

丽莎是一名电视台主播，主要负责每个时段的节目介绍，虽然每天也会在镜头面前发挥所长，但日复一日重复下来，她总是觉得太枯燥、太无聊了。

而且，她最开始的梦想是成为一名真正的主持人，而不是这样每天枯燥无聊地露一下脸。渐渐地，她越来越对这样一成不变的工作感到厌恶。

于是，她一上班就心情郁闷，工作也是仅限于完成，从不多费心思；同事朋友们也慢慢地开始疏远她了，这使她的心情更加糟糕，以至于她越来越觉得自己做不好这份工作。

有一天，丽莎实在受不了了，她请假去了很多地方，忽然意识到自己这样的工作状态实在是浪费青春、虚度光阴。摆在她面前的两条路，一是如果自己实在是讨厌这份工作，那就立即辞职；一是找到突破口，改变这种状态，更好地完成工作。她仔细想了自己的工作，呆板的台词、老气的服装……怎么改变这一切呢？

丽莎想了很久，终于，她发现，其实有一些时间段的节目介绍会有十几秒钟的时间可以自由发挥，于是，她决定充分利用这十几秒，虽然后面的台词不能更改，但这十几秒，她说什么都行。

第二天，她兴致勃勃地去上班，在那个时间段进行节目介绍的时候，她试着加上一些有趣的话题。

最开始她说的是天气，后来又拓展到社会时事、热剧以及自己的所见所闻。虽然只有短短地十几秒，但这成了她工作中最大的乐趣。渐渐地，她脸上的笑容多了起来，看到同事总是乐呵呵地打招呼。

丽莎为做好节目做出的努力，台里领导都看在眼里，很欣赏她，不久，将她调为一档社会栏目的主持人。

你是如何对待工作，完成工作的？看完丽莎的故事，你有何感想？

将“不可能”变成“可能”

很多时候，我们都容易被工作中的“不可能”吓倒，面对一些高难度工作的时候，望而却步。当然，也有人会迎难而上，想尽办法，将“不可能”变为最终的“可能”。只有迎难而上的人，才能顺利地、更好地完成工作，才能不断地成长进步，为自己的职业之路添砖加瓦。

两年前，石磊是一家公司的业务员，他初入职场，是一个没有资源的职场小白。在这两年的时间里，他一边努力学习专业知识，一边拜访客户，在公司里成长得特别快，同事们都说：“没有他签不下来的单。”

有一次，他听说公司正为拿下一家大公司的大订单发愁，于是主动请缨，说自己有办法。同事们都没想到他竟然浏览了这家公司的招聘信息，还投了一份简历进去。

经过面试，他终于顺利接触到了这家公司的采购负责人，又在复试的时候，找机会以业务员的身份说明自己目前的工作情况。

几天后，在同事们惊讶的目光中，石磊再次拜访了这家公司的采购负责人，顺利拿下了订单。

还有一次，他得知自己的客户已经被竞争对手牢牢锁定，怎么办呢？他并没有放弃，而是想到去找竞争对手合作。

经过几天的准备，他终于约到这位竞争对手，一见面就直接说明来意。当他了解到对手对他的另一个大客户的项目很感兴趣，于是他将此作为交换条件，将客户留了回来。

他的事例总是会被老板当成典型案例，在一次又一次的会议上讲，他说："销售，就是一个经常把不可能变成可能的职业。"

案例中，石磊从一名职场小白成长为受老板欢迎、同事敬佩的优秀员工，正是由于他善于将看似不可能完成的工作顺利完成。事实上，每个人在工作中，都可能遇到一些看似不可能完成的工作。

优秀的员工会严格要求自己，尽量在自己的职业词典中删除"不可能"这三个字，让自己用积极的情绪来面对很多未知的工作。因此，他们的职业能力提升得要比普通员工快，职业能力也会超过其他人。

当一件你认为"不可能"完成的任务摆在眼前时，千万不要花时间在脑海里预演它的失败，这无疑是在给自己消极的心理暗示，接着，就被"不可能"吓到了。所以，凡事多以积极的眼光对待，增加工作的欲望，勇于尝试，积极寻求解决方案，就能将"不可能"变成"可能"。

再者，就是要善于发掘自己的潜能。我们都知道运动品牌"李宁"的广告语：一切皆有可能。是的，"不可能"只是失败者的自我禁锢。要打破工作中的"不可能"，就要勇于挑战自己，发掘自身的潜能。不敢向高难度的工作挑战是对自己的否定，也是对自己潜能的否定，终其一生可能也就是到此为止。

如何更好地完成工作是职场人士需要不停思考的问题，将不可能达到的目标变为可能，甚至超额完成是优秀员工的最高境界。

秉持将“不可能”变为“可能”的信念，完成工作，完善自己，删除你工作词典中的“不可能”，那么一切的“不可能”最后都会变成：“不，可能！”

工作金言

很多事情，不是我们能不能做到，而是我们没有去思考如何才能做到。

问题思考

梅里兹是美国一家著名公司的技术开发员。有一次，公司里要进行一项黏度超强的粘胶研制工作，他也参与了这项工作，但他研究到最后，发现自己不但没有研制出超强度的粘胶，反而研制出了一种黏度超弱的粘胶。

梅里兹很失望，公司也认为这种粘胶毫无用处，只能当废物处理掉。但梅里兹总觉得这种粘胶肯定会对人们有某种帮助，虽然暂时还说不出它有什么用处。

有一天，梅里兹和朋友聊天。这位朋友正在参与唱诗班的活动，他常常把小纸条夹在歌本里，以便能很快找到自己所要唱的诗，但是小纸条总是掉出来。

如果想让小纸条不掉出来，可以粘上去，但同时又不能粘得太牢，要容易撕掉才行……梅里兹听说后灵光乍现，他回去将自己所研制的超弱粘胶制成自黏性书签，这样放到书本中就不会轻易掉下来了；而且撕开时又很方便，不会损坏书本。

梅里兹越来越兴奋，接着，他进一步研究，又将这种粘胶制成自黏性便条纸。

结果这种产品一上市，就风靡整个美国。这项自黏性便条纸的发明为公司带来了丰厚的利润，在相当长的时期内成为公司的主打产品。

把“将不可能变为可能”运用到工作中，你能获得哪些好处呢？请结合梅里兹的事例，说说你的感想。

多坚持一分钟，就赢了

在工作中，很多人完不成、做不好工作的原因并不是能力不够，而是他们缺乏信念，缺乏再坚持一下的精神。事实上，不管从事哪一个行业、具体做什么样的工作，在产生放弃的念头时，就失败了。而共情力高的员工，他们在遇到困难时，会不断地想象多坚持一下成功后的喜悦和轻易放弃后的痛苦。这种与想象产生的共鸣，会激励他坚持更长的时间。

李彦每天的工作就是为客户进行招标策划，他所在的公司规模不大。几年来，李彦兢兢业业，取得了不错的业绩，但是一碰到影响力比较大的项目，竞争者比较多、实力又雄厚时，他就常常打退堂鼓。

有一次，一位大客户准备参与一个大规模房产项目的招标策划，这位客户比较挑，公司派李彦去接手这项工作。几天后，李彦设计出了自己的方案，他信心满满地来到了招标的现场。然而，当他到达现场之后，所有的信心顷刻间化为乌有。他看到有非常多的大型企业也拿出了自己的方案。

在竞标过程中，他忐忑不安地将自己的招标方案递上去后，更是心急如焚，开始胡思乱想。他越想越觉得自己的方案不可行，根本比不上那些大型公司。于是，有了放弃的念头。

越看越觉得其他公司的方案一定会更好，他们每个人脸上都洋溢着自信的微笑，李彦越来越坐不住了，心想还是识趣点，先走吧，免得一会丢人现眼，下次一定得别出心裁才能赢过他们。于是他便走了。

回到公司后，李彦告诉老板，招标会上有很多竞争对手都很强大，自己的方案通不过，老板很生气地训斥了他。后来，他偶然得知那天最后选出来几份标书中，就有他设计的那一份，如果能最后的陈述，非常有可能成功。

案例中，李彦在招标会中，看到很多比自己强大的对手，就认定了他们的设计方案会更好，于是就开始打退堂鼓，还提前离开。而事实上，他的设计方案获得了初步肯定，只要他坚持一下，成功的概率就非常大；但是他放弃了，那成功的就是别人了。

放弃是工作中的一种消极情绪，其一旦产生，人们便很难再坚持下去。很多时候，工作的失误，并非因为工作者的能力不够，而是因为他们最终选择了放弃。因此，在工作中，只有时刻保持永不言弃的精神，才能在关键时刻不退缩，成为最后的赢家。

在实际工作中，遇到难题的时候，要如何做，才能坚持完成工作呢？

首先，要调整自己的心态。

工作中遇到难题是在所难免的，任何一个优秀的员工都会在遇到问题时，不退缩，坚持完成，因为他们知道完成一次工作，就是一次成长。难题总会得到解决，关键在于遇到问题时要有一颗不放弃的心。

因此，遇到难题时，首先要调整好自己的心态，树立不放弃的坚定信念。这样，才能主动去寻求解决问题的方法，而不是退缩和逃避。

其次，要勇于去尝试。

工作中的成长都源于一次次不断地探索和尝试，如果一个人遇到问题就只会退缩，那他永远都不会进步。勇于去尝试新的方法，你会发现原来的难题根本不是难题，你还会因此获得前所未有的成就感。

最后，当你感觉坚持不下去的时候，善用共情力就会想到，或许其他人也正处于坚持不下去的境遇之中，最后那一刻，只是在拼耐力，坚持下去，就是成功。

因此，无论工作中遇到了多么大的困难，无论工作中还会遇到多少困难，都不要轻易放弃，坚持下去，就能迎来胜利的曙光，获得肯定。

工作金言

坚持不懈是成功的秘诀，但很多人都在半路上选择了退却。善用共情力，往往能够多坚持一分钟，获得最终的胜利。

问题思考

莱文和大卫两年来在一个论坛上相谈甚欢，二人都是从事互联网技术工作的，常常一起讨论技术，争论每一门编程语言的发展前景。言谈中，二人越来越看好线上教育，于是打算合开一家线上培训学校，主讲一门编程语言，他们既是管理者，也是讲师。

就这样，很快二人便在一个直播平台上收获了不少学员，他们大多是职场小白，想利用工作之余的时间学习一下，提升自己的技术能力。

一年后，线上教育越来越发达，很多实力雄厚的线上教育培训学校如雨后春笋一般，“噌噌”地冒了出来。莱文和大卫的压力倍增，虽然他们利用各种社交平台招收学生，但越来越难招到。

眼看情况越来越糟，大卫开始打退堂鼓了，他说：“到目前为止，虽然公司成立起来了，但是资金全靠自己周转，再招不到学生，就要喝西北风了。况且我们用什么和那些有资金有实力的大公司抢占市场呢？”

于是，几个月后，大卫和莱文长谈了一次，打算重新回到技术岗位，不再冒风险了。莱文劝说无果，只好自己单干。接着，莱文开始四处奔波，白天拉投资、找出路，晚上讲课。他总觉得只要还能坚持，就是好事；只要能坚持下去，就能在市场中站稳脚跟。

果然，几个月后，功夫不负有心人，他找到一家实力雄厚的大公司，愿意注入资金。一年后，莱文的公司已经有了来自全国各地的上千名学员。

如果你是大卫，你会中途退出吗？结合本文，谈谈你的看法。

共情力加油站：忠于职守，任劳任怨

忠于职守，能引导你获得荣耀、名声和财富。它伴随着你，成为一种精神力量，让你有足够的耐心和韧劲面对工作中的烦琐和困难，而老板们都喜欢忠于职守的人。忠于职守的人共情力也一定很高，他们也许并不张扬，但能在沉默中等来成功。

一、做好每一件事

杰克是专门做采购工作的，由于各种原因，他打算换一份工作。在看准一家公司后，他没有急于去应聘，而是先了解了该公司的整体情况，这使他顺利应聘为公司的采购员。应聘成功后，他没有着急开展工作，而是研究了公司的整体情况，然后一边熟悉工作，一边花时间学习和研究怎样使本公司赚钱，用最便宜的价钱把货物买进。

其实，杰克的工作并不属于技术类型的工作，不需要特别的专业技术知识，但他兢兢业业地为公司工作，节省了许多资金，这些成绩是大家有目共睹的。公司总裁在职工大会上表扬了杰克的这种敬业精神，杰克赢得了奖金和别人的尊敬。

共情力高，就是时刻站在公司的角度去工作，做好工作中的每一件小事。这样，无论遇到什么样的难题，都能主动地、竭尽全力地去突破。

二、重新衡量工作价值

有些工作只从表面看，也许索然无味，一旦深入其中，你就会认识到其不同凡响的意义。或许，你现在仍然生活在困苦的环境里，但不要抱怨，只要全身心地工作，不久就会摆脱窘境，获得物质的满足。那些非常成功或在特定领域里相对成功的人士，无一例外地要经过艰苦的奋斗，这也是通往胜利的唯一途径。

这也是工作的更深层的价值意义，通过工作充分挖掘自己的潜力，发挥自己的才干。对工作的认识达到这一境界，你就会投入足够的重视和十二万分的热情，成功才会眷顾你。

因此，如果仅用世俗的标准来衡量你的工作，认为工作仅仅是为了面包，那么你工作的价值也未免太低俗了。要达到这一境界，就必须学会从内部去观察，才能看到工作真正的本质。

三、真诚地对待工作

共情力高的人懂得真诚待人，真诚做事，这是一个员工必备的工作品质之一。只有具备了这种品质，也只有这样品质的人，才会敞开心扉给人看，使人们了解你、接纳你、帮助你、支持你，使你的事业获得成功，使你受到人们的尊重和敬仰。

对工作忠诚，工作才会反过来回报你，促使你顺利地完成工作，赢得事业上的成功。

四、任劳任怨，不找借口推脱工作

无论从事什么行业，只有全心全意、尽职尽责地工作，才能在自己的领域里出类拔萃。在工作中总是找借口推脱工作的人，在遇到难题的时候一定手足无措；忠于职守工作的人是没有借口的，他们也不需要寻找借口。其实，这也是拒绝借口、忠于职守、负责任的直接表现。

第4章

修炼共情力，提升职场忠诚度

在工作中，有的人唯利是图，完全把自己和公司割裂开来；有的人利欲熏心，泄露公司机密，出卖老板；有的人过于浮躁，得陇望蜀、频繁跳槽。这些人最终只会害人害己。

忠诚是一个人最基本的道德品质，更是一个人立足于职场的根基，忠诚于公司和老板，自己才是最大受益者。因此，修炼共情力，站在公司的角度考虑问题，提升职场忠诚度非常重要。

Boss 看重能力，但更看重忠诚

在工作中，一个人的能力固然重要，但是要想取得成功，却并不全在于能力；很多时候，他所具有的职业素养会起到关键性的作用。一个人职业素养的高低，与他的品格紧密相关，而一个人最基本的品格就是忠诚。

某大型公司正在进行裁员，只是业务员就要裁掉一半。一时间，公司里人心惶惶。业务员老曾一向兢兢业业，但绩效一直不上不下，正好在领导裁与不裁的分界点上。

不久，裁员名单出来了，上面没有老曾，反而有工作能力强、业绩一向名列前茅的小贾。老曾看到名单，也心生疑惑。小贾不服气，还专门去找领导。领导说："公司从未否认你的工作能力，也很肯定你的成绩，你的补偿金会比别人高一些的。"

"那老曾呢？他的业绩没有一次超过我，他怎么没被裁？"小贾问。

"老曾的业绩确实没法和你比，但他在面对客户的时候，处处为公司着想。有一次，你为了拉拢一个客户，说了很多同事的缺点，虽然最后客户签了单，但对公司的印象却大打折扣。"领导说。

小贾听后低下了头。

“这些，公司都知道。”领导接着说道。

小贾听了领导的话，非常惭愧。

后来，公司将老曾调到了后勤部，领导告诉他：“你的业绩虽然不突出，但时时维护公司，宁可丢了客户，也不做有损公司利益的事，所以，公司决定将你调到后勤部，另外，你的确也不适合做业务。”

老曾在公司多年，早就不想再奔波了，很高兴领导能这样安排。

案例中，小贾在工作中总是以自己的业绩为第一位，虽然工作能力很强，但也因抹黑同事，损害了公司的形象；而老曾虽然业绩不突出，但对公司很忠诚。最终，小贾被裁掉了，而老曾不仅没有被裁掉，反而被调到了自己中意的岗位上。

曾在网上看到过这样一个调查：“作为老板，忠诚和能力你更看重哪一点？”很多回答者都选择了“忠诚”。忠诚和能力，就像鱼和熊掌，不可兼得，但最终，忠诚还是老板们最倾向的那一个。据媒体报道，在世界 500 强的公司里，几乎每家公司都设有商业机密保护部门，他们甚至会委派公司中最为优秀的人负责商业保密工作。

如果对企业不忠诚，能力再强都会被淘汰，因为忠诚涉及工作的各个环节、同事之间的协作与信任，更严重的，还涉及公司的机密；这些都是公司发展的命脉，能力强但不忠诚的人会给公司造成巨大的损失。所以，无论是哪一家公司，老板都会更加看重忠诚。

忠诚在某种意义上而言，是一种先天本性，而能力则可以后天培养。中国式管理大师曾仕强先生曾说过：“先求忠诚再求能力，更加安全。”所以，发挥自己能力的前提就是必须要忠诚。唯有忠诚，才是你立足于职场的根本。

忠诚是员工的本分，你可以选择某个企业作为自己的职业舞台，但是一旦做出选择后，就要忠诚于这家企业，踏踏实实地对待自己的职业生涯。

忠诚是一个优秀员工必备的美德。从某种意义上讲，忠诚于公司，就是主动以不同的方式为公司做贡献。但需要注意的是：忠诚不是愚忠。真正的忠诚是在工作中，能够站在公司的立场上考虑问题。而不讲原则，盲目服从，就是愚忠，愚忠只会给公司带来不可挽回的损失，也会断送自己的职业生涯。

缺少忠诚的人不可能在工作中取得良好的业绩，也不会有好的职业发展，只会给自己的前途增添阻碍。因此，无论你身在哪一个岗位，都要本着忠诚的心，做好本职工作。比尔·盖茨说过："忠诚是员工一切美德之首。"忠诚是一种品德，更是一种能力！

工作金言

能力并不是成功的必要条件，而如果没有忠诚，成功则会遥遥无期。

问题思考

一家大型企业准备在香港开办一家分公司，公司总裁决定在公司内部挑选一名干将，出任香港分公司的经理，林跃和张迪是后备人选。

林跃风度翩翩，专业能力很强，而且和总裁关系不错，大家都比较看好他。张迪以前跟着前任总裁，虽然能力也不错，但给人感觉总是比林跃逊色一些。

有一次，现任总裁去看望前任总裁，发现张迪竟然也在，两人正饶有兴趣地研究毛笔字。前任总裁一直夸张迪，说他是个有情有义的人，以前自己提拔的人也不少，现在只有张迪记得这一点，周末的时候，经常陪他，有时出差还会带些特产礼物去看望他。

现任总裁一听，心想：派到香港分公司当经理的人，其实对其忠诚度的要求远比对其能力的要求更为重要，林跃确实能力很强，但就忠诚度而言，还是张迪靠谱。

几天后，总裁宣布了派往香港任经理的人——张迪！

结合故事，体会能力和忠诚的关系。如果你是总裁，你会选择谁委以重任呢？

要站在公司的角度考虑问题

忠诚是一个人身处职场的立身之本，对企业不忠诚，走到哪里都不会受欢迎，但是到底什么才是忠诚，真正的忠诚是什么样呢？

有人说，我的工作不涉及忠不忠诚，我只要完成每天的工作任务就行了，这是错误的认识。事实上，你工作中的方方面面都会考验你的忠诚度。在工作中投机取巧、蒙混过关、得过且过都是不忠诚的表现。

小 A 和小 B 高中毕业后，打算利用暑假出门打工。他们来到上海后，一直没有找到工作。无奈之下，只好来到一个建筑工地，找到施工老板。

老板一看，他们虽然是学生，但也是身强力壮小伙子，于是说道：“工地上目前没有适合你们的工作，不过如果你们愿意，可以做一些杂活，工资按天算，一天60元。”

他俩听后，觉得也不错，于是答应了。

第二天，老板让他们将木工钉模时落在地上的钉子捡起来。第三天，老板让他们看工地，由于场地比较大，哪里没有工人干活，他们就去哪里看守。第四天，老板交代的工作是清理一块空地用来放新来的材料……

一个星期过去了，小A觉得自己其实也并没有做什么事，工作轻松，每天还能拿到60元的工资，心里很不安。于是他和小B商量：“老板这样做真的很不合算，我们俩来了就只干这些工作吗？我明天得和他谈谈。”小B极力阻止他：“还是别找老板的好，现在工作这么轻松，多好呀，每天不费力就把钱赚了。”

小A还是找到了老板，他说：“老板，我觉得您雇我们有点太亏了，您包工，是为了获得效益，我们每天的工作实际上并不值60元工钱。当然，如果您有其他想法，就当我没说；如果您觉得我说的对，打算辞退了，也没关系，您直说。”

老板听后笑了笑说：“小伙子，不错。其实我工地上现在正缺一名会算账的，看你们是高中生，就想让你们管一段时间，给工人们算算账、发发工资什么的。这几天是对你们的考验，恭喜你过关了。我需要像你这样责任心强、一心为公司谋利益的人才。明天，你到我办公室报到，熟悉下具体的工作流程，至于小B，我只能说很抱歉。”

案例中，小A是实实在在站在了公司的角度上，为公司的利益着想，最后得到了老板的重用；而小B则贪图工作轻松，从不为公司考虑，所以只能被淘汰。

由此可见，忠诚最突出的表现就是能够站在公司的角度去考虑问题，做好工作中的每一件小事，遇到问题及时向领导反映。总之，为公司考虑不仅仅是说出来，而是体现在工作中，体现在你处理问题的方式上。主要包括以下几点：

一、着眼于公司的整体利益

在工作中，要想成为一名好员工，为自己的职业之路打好基础，就要顾全大局，不能只着眼于自己的利益得失，要从公司整体发展的需要出发，时刻维护好公司的形象。

二、杜绝谄媚讨好

如果在工作中发现问题，要敢于指出并提出解决的方案，坚决不做有损公司利益的事情。谄媚讨好并不是忠诚，反而是害人害己。

三、敢于创新

在现实中，很多员工在工作的时候都缺乏自主性思考，只会复制过去的工作方式，按部就班地去做自己的工作。而事实上，公司的发展关系到每一位员工的发展，只有公司不断跟进时代的脚步，员工才能够把握自己的未来。所以，每一位员工都应该具备创新精神，敢于在工作中创新，敢于向领导提出想法和建议，这样才能保证企业充满活力。

在职场中，很少有人会问自己："我能为公司提供什么，我能为同事做点什么？"事实上，大多数员工要想取得事业上的成功，都需要不断在公司里磨炼。站在公司的角度去考虑问题，就能帮助你养成从大局出发考虑问题的思维方式，这是领导者的思维方式。

此外，站在公司的角度想问题，就能把公司的利益放在第一位，这也是"牺牲小我，成就大我”的智慧和精神。既然你是公司的一员，就要抛开任何借口，投入自己的忠诚和责任；全身心地融入公司，尽职尽责，处处为公司着想。

要实现自身的价值，取得职业成功，你就必须经常问自己：“我能为公司提供点什么？”而不是首先问：“公司能给我什么？”

因此，在职场中，不要再做工作的奴隶，而是修炼共情力，站在公司的角度去考虑问题；以公司的利益为重，自发的去工作，为公司创造更大的利润，以实现自身的价值。

工作金言

没有大局意识，不为公司考虑的员工，永远都只能是普通员工。

问题思考

李明在一家咨询公司做策划，他在策划上不仅不突出，还经常被项目经理骂。原来，李明往往只是想着完成工作就行，对客户的需求，把握得很片面，让客户经常不满意，对公司的形象也造成了一定的影响。

有一次，正值国庆佳节。节日前，李明为一家在当地比较出名的连锁超市策划一则活动文案，对方要求与国庆节相结合。好几天，李明只是查找资料，他觉得节日活动最容易策划了，根本不用费心。

客户一直等着李明的策划方案，李明却丝毫没有与客户交流的迹象。最后，李明把方案交给客户，客户一看，觉得很熟悉，一查才发现，这则活动方案完全就是从网上照搬照抄来的。客户非常生气，一怒之下，投诉到了公司领导那里。

“这样拿来即用的方案，我们还用花钱雇你们吗？我们自己也会！”客户生气地说。

领导站在那里一直赔礼道歉。

“这样的公司，我们实在没办法再与你们合作了。”

事后，李明知道自己这次闯了大祸，于是主动找到领导道歉。

领导说：“你们的每一个策划方案都关系到公司的利益，你觉得你与公司只是普通的雇用关系吗？你只是为公司工作吗？公司受到客户的指责、不认可，首先受到影响的是你们，你明天不用来了！”

李明没有多说，乖乖地去办理了离职手续。

如果你是李明，你会那么做吗？你如何理解领导最后说的话？结合你的实际工作，谈谈你的想法。

自己是忠诚最大的获益者

每一位员工和公司的利益都是紧密相连的，员工的发展与企业的命运息息相关。所以，你工作的时候，既是为公司谋利益，也是在为自己谋利益；而对企业忠诚，也就是对自己忠诚。

坚守责任和忠诚，会让你在平凡的工作中找到自身的价值，面对艰难险阻的时候才会去拼搏创新。久而久之，你将会成为一个值得信赖、可以被委以重任的人。

小吴在某公司做产品经理已经五年了，在他的带领下，公司技术不断革新，产品越来越好，客户满意度很高。周边的几家公司都听说小吴工作能力很强，甚至有公司早就想挖他，但一直没有机会。

不久，小吴由于家里的事，不得不回老家发展。一年后，家事处理完毕，他又回到原来的城市。以他的资历和之前的工作经验，很多公司都纷纷向他抛出了橄榄枝，条件格外令人心动。

很快，小吴就选择了一家大型企业去应聘，这是一家在业界很知名的公司。面试非常顺利，但是到了最后，负责技术方面的人问道："我们非常欢迎你加入我们公司，相信你会有很好的发展。同时，公司希望你能够将以前的工作经验全身心运用到我们公司。听说你之前参与研发了一款 ×× 软件，我们现在也正着手研发类似的软件，你能否透露一些你在原来公司工作的情况，这对我们很重要。"

小吴听着，脸色渐渐暗了下来，然后毫不犹豫地说："非常荣幸能够获得贵公司的认可，我虽然已经离职了，但我有义务忠诚于我原来的企业。我不会将原公司的策划内容以及核心技术透露给别人，谢谢。"说完，小吴便离开了。

正巧，原来公司的同事也听说小吴回来了，还发生了这样的事，于是便和领导说了。第二天，小吴便接到了原公司领导的电话："小吴，听说你要回来继续在这里发展，同事们都对你拒绝那家公司津津乐道呢，看来你是真心为公司着想并忠诚于咱们公司的人。如果你愿意，公司欢迎你回来，虽然产品经理已经有人担任了，但技术总监正空着。"

小吴听后，非常感激，第二天，他又回到了原来的那家公司工作。

案例中，小吴坚决不把原来公司的策划内容与核心技术透露给其他公司，虽然失去了一个很好的机会，但是他守住了对前公司的忠诚，结果为自己赢得了更广阔的职业发展前景。

试想，如果小吴在面试的时候，透露了自己原来的工作，不仅让现公司对他产生不信任，还可能会在行业里臭名昭著。

在现实中，有不少员工认为，选择对公司忠诚就意味着放弃了个人利益，选择了忠诚就意味着奉献与舍弃。其实，恰恰相反，之所以这样认为，是因为你只着眼于眼前，没有长远的目光。或许，忠诚可能会让你失去一些机会，但与此同时，也会让你赢得另外的机会。

因此，在工作中，你首先必须以长远的目光看待你所付出的一切，急功近利只会让你为眼前的利益驱动，失去更大的机会。

其次，虽然你在工作中，忠诚于公司，是在为公司创造利益，但你因此建立起来的信誉价值却属于你自己。这是无形的资产，在你以后的事业、前途中会发挥巨大的作用。

最后，忠诚也是一个人的名片，它能够让你更具竞争力。

总之，企业并不仅仅是老板的，作为员工，你也是其中的一员，要修炼共情力，为公司谋利；而对企业忠诚，受益的不止企业，还包括你自己。

工作金言

对公司忠诚不是一种单向的付出，而是会给予你无限的回报。

问题思考

有一家生意很不错的旅游公司，老板出差期间，有一名员工秘密地把公司的客户资料卖给了竞争对手。眼看马上就是旅游旺季了，却没有一个签约的客户来，老板回来看到这种情况，也束手无策，没有人知道是谁干的。

客户服务部王经理说都是自己的工作失误，尽管她是无辜的，但她引咎辞职了。有好几名员工看到公司遇到危机，也乘着旅游旺季，纷纷跳槽。

一周后，公司的员工就走了一半，老板也对这些员工充满了愧疚，他看着剩下的员工说：“很遗憾公司出现了这样的事情，是我疏于管理，让公司陷入了危机。如果大家还有想辞职的，可以直接告诉我，两个月的薪水一分都不会少发给大家。但是我希望出卖公司的那位已经离职了。”

“老板，我不走，当初跟着您学了不少东西，这个时候不能离开。”有员工说道。

“是，我也不会走！我们都走了，公司怎么办呀！”又有人说道。

“对，哪能让公司这样，我相信我们会好起来的！”

……

老板看到这样的情况，很是感动，最后不少员工都选择留了下来，而老板也重新燃起了斗志。不久，公司的状况慢慢好转起来，又招了一些人，老板亲自面试，问得最多的问题就是应聘者对前公司的看法，甚至会出一道题来专门检验应聘者的忠诚度。

后来，公司越来越壮大。在一次年会上，老板专门为那次危机中留下来的员工发放了高额年终奖，他还动情地说道：“……我最应该感谢的就是你们，你们对公司的信任和忠诚给了我动力。在我要放弃的时候，也是你们的信任和忠诚帮助公司战胜了困难。”

如果你是公司的员工，在公司遭遇困难的时候，你会离开吗？你怎么看待老板后来面试的做法？你是怎样理解老板年会上说的话的？

严守公司机密是你的义务

众所周知，商业机密对于一家公司而言，是至关重要的，可以说是一个企业发展的命脉。但是在实际工作中，却总会有一些泄露公司机密的事情发生。有些员工为人粗枝大叶、口无遮拦，一不小心就将公司的机密说了出去；有些员工对企业不够忠诚，一旦有名利诱惑就将公司的机密出卖。当然，也不乏一些员工尽管足够忠诚，但缺乏保密的相关知识，仍会在无意中泄露公司的机密……

王旭是某公司的采购部主管，他经常与供应商打交道。有一次，他给下属发了一封邮件，让下属核对报价，制作成表格。邮件里的附件就是关于公司各供应商的商品信息，还包括订单数、单价等相关信息，但是他不小心错发给了供应商 A。

这是公司经过多方询价，最后开会形成的文件，而公司明文规定：未经公司事先书面同意，员工不得将有关公司、关联公司或与公司有业务往来的任何单位的生产管理工艺技术、销售、市场营销或财务资料的所有信息泄露。

很快，王旭就发现了这个失误，还以为只是一个收货清单而已，没当回事，又重新给下属发送了邮件。

很快，公司领导便找到了他，与他解除了劳动关系，并一纸诉状，对他提起诉讼。王旭一开始辩称自己不知道那是公司的机密文件，直到法官作出判决，他才认识到自己犯了多么严重的错误。最后，王旭赔偿了公司4万元。

任何一家公司都有其核心的机密，有的公司会明文规定。但无论有无明文规定，作为共情力高的员工都能理解到这一点，会将严守公司机密当作自己的义务，无论什么时候，都不轻易泄露公司的机密。

案例中，王旭不小心将含有公司机密的文件错发给其他公司，这势必会给公司造成一定的损失，因此，他也要承担起这份损失。

对于员工而言，要想在一家企业有更好的发展，就必须要对企业忠诚，严守企业内部的商业机密。因此，每一位员工都要做到以下两点：

一、增强保守公司机密的意识

公司机密是一个公司发展最关键的东西，如果自己参与或工作涉及公司机密，就要保持警惕，保管好相关文件，在平时的言行举止中也要多加注意，保证机密不泄露。

二、坚守道德底线，严守公司机密

做好本职工作，与公司核心机密保持距离，不能接触的文件绝不接触，对已经接触到的机密文件或信息要守口如瓶。如果有人打听的事涉及公司机密，回答的时候要避重就轻，或者直接告诉对方无可奉告。

公司机密一旦泄露，就会给公司带来不可挽回的损失，作为员工，也将受到严重的影响。如果你是泄露者，轻者会受到公司的惩罚或辞退，重则更可能会触及法律。

因此，身为员工，一定要坚守道德底线，严守公司机密，这是你在工作中最基本的义务。

工作金言

严守公司机密是每一位职场人士的道德底线。突破底线的人，其坠落的大门也就打开了。

问题思考

有一个人去某家企业应聘，当天面试的人很多，他面试后，顺利进入笔试的环节。

试卷上的题目，他一开始都答得很顺畅，但是到了最后，突然出现了这样一题："请写下你之前所任职公司的秘密，越多越好。"这个问题真让人为难，他看了看考场上的其他人，发现大家都在低着头奋笔疾书。

突然，他站起来，拿着未答完的试卷来到考官面前说："对不起，我不能回答这道题。虽然我已经不在前公司工作，但我决不会将它的秘密透露给别人。"说完，他就离开了考场。

第二天，他就接到了该企业人力资源部的电话，通知他被录用了。入职后，他的聘用书上写道："有良好的职业操守，懂得保守秘密。"

如果你是在场的应聘者之一，你会将前公司的秘密写下来吗？结合上述故事，说说你的看法。

利欲熏心，会给公司和自己带来灾难

当今社会充满了太多诱惑，常常有一些在公司里“位高权重”的员工，利用职务之便或手中掌握的客户资源出卖公司，满足自己的欲望，最终给公司带来不可估量的损失。

一旦员工因自己的私欲背叛了公司，损害了公司的利益，那么他将背负一辈子都擦不掉的污点，以后也不会再有企业敢去聘用他。

约翰是一家大型服装设计企业的设计总监，他常常会接触到设计师们的设计样稿。有一次，公司要参加一场大的服装秀，几名设计师夜以继日地设计样稿，希望能够在秀场上获得各大服装厂商的青睐。

有一天，一名陌生的人找到了约翰，要请他吃饭。

原来，这名陌生人是竞争对手中一家公司的服装设计总监，听说约翰的设计师队伍是他们中最具竞争力的，于是告诉约翰：“你们的实力有目共睹，不能让我们没饭吃呀。如果你能够为我们提供一份你们参展的设计样稿，我就付给你 10 万欧元的酬劳。”

听了他的话，约翰有些犹豫，他知道这样做无疑会损害公司的利益，一旦被老板得知，肯定会炒他的鱿鱼。但约翰回去一想，觉得其实自己的压力挺大的，如果有了这笔钱，就能省很多时间去做别的事情，也不用再这么辛苦地工作了。而且，公司未必能够发现是他泄密的。

于是，第二天，禁不住诱惑的约翰给那名陌生人拨通了电话，将设计师要参展的样稿拷贝了一份给了对方。

就这样，本来约翰所在的公司可以有好几个系列入选，但最终却成为入选最少的设计公司，给公司造成了巨大的损失。其他设计师看着那些和自己的设计很相似的样衣百思不得其解，便将这个情况告知了老板。老板立刻着手调查，最后查到了约翰身上。于是，老板一怒之下将约翰辞退了。

案例中，约翰为了一己之私将设计样稿透露给其他公司，让公司失去了竞争力，给公司造成了损失。虽然他得到酬劳，但失去了公司的信任，也失去了做人的信誉，断送了自己的职业前途。

电视剧中常常会有这样的桥段，其实现实中也有很多类似的事情发生，有很多人在金钱、美女、权力的面前迷失自我，失去做人的底线。这是对忠诚最大的考验，也是对一个人人品最大的考验。

在个人利益和诱惑面前，有人会毫不犹豫地出卖自己的人格，出卖公司和老板。无论是电视剧中，还是现实生活中，这样的人只会为人们所不齿。

试想，如果你是老板，你的员工出卖了你，你会怎么办？如果你是一家用人单位，得知面试者出卖过曾经供职的公司，那你还会聘用他吗？即使他能力再强，都不会。所以，在职场必须要做到忠诚。

或许你的才能还没有被发现，或许你遭受了不公平的待遇等等，但任何时候都不要出卖公司，因为在出卖公司的同时也会毁了自己。

工作金言

利欲熏心，是损害的公司利益的尖刀，更是打破个人信誉的利斧。

问题思考

一家大型跨国企业刚进入中国市场时，由于业务需要，招聘了一大批新员工，并对他们进行了长时间的培训。后来，这些人大部分都成了分公司的精英骨干，他们业务能力突出，尤其是在解决一些实际问题的时候，都表现得特别好。渐渐地，公司的订单越来越多，业绩越来越好，总公司的高层领导对他们更是另眼相看，赞赏有加。

就在公司的业务蒸蒸日上的时候，其中有一名业务主管看到公司的发展势头很好，就有了另起炉灶的念头。他想：凭借着自己手里现有的业务精英和客户群信息，再借着公司的名义，一定会获得更多的利润。

接着，他就开始偷偷联系业务，为了拉拢更多的客户，他会时常给一些客户回扣。有一次，与外商谈判时，他又在中间做手脚，最后让公司损失惨重。

结合以上故事，试想如果你是这家中国分公司的领导，你会如何处理这件事情呢？

频繁跳槽，很多时候更是你自己的损失

跳槽，几乎是人人都会经历的一件事，有人因公司没有发展前景而跳槽；有人因与同事领导相处不愉快而跳槽；有人因想转行而跳槽；也有人因公司倒闭而被迫跳槽。跳槽，绝大多数都是为了更好地发展，但是频繁的跳槽，就不提倡了。

跳槽频率几乎是每个人在面试时都会遇到的问题，甚至这一问题的答案关系到你是否会被录用。一般情况下，大众会有这样一个普遍的共识：跳槽的频率越高，工作稳定性就越差，反之就高，这也直接体现了员工对企业的忠诚度。

张凯已经跳槽三次了，现在处于无业状态，他对未来很担忧，感觉自己没有一点职业方向。

其实张凯毕业后最先应聘到一家国企工作，那时候，他工作轻松，福利待遇好。但是工作了两年后，他发现私人企业工资更高，越想越觉得自己年纪轻轻却只能拿到这样低的工资，实在不甘心，他希望有更高的工资。

几个月后，他跳槽到了一家私人企业，由于他在国企学习了

大量的管理经验，很快就转到了管理岗位。不久张凯又觉得虽然是在管理岗位上，但竞争很激烈，他常常感觉自己有点招架不住，压力越来越大。

虽然工资涨了，但涨幅并不是非常大，而且还是死工资。经过多方了解之后，他打算跳槽去做销售，因为销售工资更高。

于是，他又应聘到了一家房地产公司，开始买房子。可是，一进入这一行才知道，销售的底薪太低了；虽然有提成的时候，工资很高，但是常常几个月才会有那么一次，非常不稳定。

这时，他开始怀念在国企工作的日子，那时候虽然工资有些低，但每个月都很稳定，过年过节的福利待遇也很好。于是，他又张罗着想要回到国企工作，但是对方听了他的工作履历，告知他已经不适合回到原来的工作岗位了，他们更注重一个人工作的稳定性。

上述案例中，张凯频繁跳槽，最终也没有找到自己的职业方向。当他想回到原来企业的时候，已经是再也不可能的了。如果他当初没有跳槽，而是一心一意、踏实肯干，几年的时间，会让他的职业方向感更强，领导更器重。

任何一家企业都不会欢迎缺乏忠诚度的“跳槽狂人”。

频繁跳槽说明你的事业发展缺乏持续性，找不到自己的职业方向。在这个行业里干几个月，在那个行业里干几个月，干什么都没长性，最后自己都不知道自己应该干什么了。这样的人，会让用人单位对他们缺乏信任感，觉得他们的信誉度、忠诚度还有待考察，还会怀疑他们是否能待得住，所以就索性不招。

跳槽是为了更好地发展，这并没有错。但是如果因为一时的意气用事、心情浮躁，一不顺心就跳槽则会让你的生活越来越迷茫，事业越来越没有方向感。在事业上有所成就的人绝不可能是通过频繁跳槽达到的。

因此，跳槽是一件需要认真仔细考虑的事。在跳槽之前，一定要问清楚自己：为什么跳槽？跳槽之后想要做什么？可以长久吗？

工作金言

一个员工整天想着随时跳槽，再有本事，也不能大用。

问题思考

晓晴毕业于某 985 高校，毕业后应聘到一家互联网公司做软件测试，如今是她工作的第五年，但她已经换了 8 家公司了。

第一家互联网公司是大型央企，她的工作地点是在总部，工作相对比较轻松，但她只工作了一年就跳槽了。她觉得如果继续在这里工作下去，一辈子也就望到了头，而且这里人才济济，要想升职得等到何年何月？

很快她就打听到做产品运营挺不错，跨行也跨得不太大，于是应聘到一家刚成立几年的互联网公司。这家公司正值上升期，工作烦杂，任务很重，晓晴有时候会加班到很晚。几个月后，她累得整个人都提不起精神，便觉得这不是自己想要的生活。

就这样，不到一年，晓晴又想回到原来的岗位上。这回，她又找了一家互联网公司，专做软件测试。就这样，晓晴开始了频繁的跳槽之路，原因不是公司规模太小，没有发展前途，就是领导太奇葩，看不到她的才华。总之，每份工作都干不长，在求职时也是处处碰壁。

结合晓晴的故事，谈谈你对频繁跳槽的看法。

把困难当考验，把危机当机遇

在工作中遇到困难是不可避免的，有困难的地方也正是机会的储存地。有人只看到了困难，于是逃避、止步不前，因此而丧失了一次又一次成功的机会；有的人则能够将困难视为对自己的考验，在危机中寻找机会，让困难成为自己事业上的垫脚石。

邱先生十年前去东南亚一带做生意，但生意一直不温不火，家人都劝他回国，他不想回去，就在当地找了一份工作。

由于没有什么工作经验，只能从底层推销员干起。他所在的公司是一家不太知名的保健品公司，公司的产品一直都没有什么大的起色。但是他兢兢业业，两年后，硬是做到了销售主管的位置。

有一次，他回国探亲，还没上飞机，就遇到了爆恐事件，这架飞机也引起了很多国家的关注。十个小时之后，在各界的努力下，邱先生乘坐的航班终于安全抵达。在排队下飞机的时候，他看到外面有很多记者，这不是最好的宣传时机吗？

于是，他赶紧找到一张大纸和一支笔，在纸上写道：“我是XX公司的XX，我和公司的XX牌保健品安然无恙，非常感谢抢救我们的人。”写完，他又用力描了几下。就在他举着这样一块牌子走出机舱的时候，立刻吸引了记者们的目光，很多媒体都争先采访他。一时间，他和他的公司获得了很多人的关注，他更是成了网络红人。

回到公司后，公司里的人无不为他的做法拍手叫好，同事们一个个喜气洋洋。原来，这些天，公司连续接到了一个又一个订单，很多人都来咨询，公司的电话都快被打爆了。董事长更是在会上表扬他：“你能够在那样的情况下想到公司和产品，抓住机遇为公司打出了最好的广告，你是最优秀的销售主管。”接着，还宣读了对他的任命书：主管营销和公关的副总经理。此外，他还得到了一笔丰厚的奖金。

案例中，邱先生在遇到危险时，也看到了机遇，这说明他对自己公司的忠诚度超越了对危险的恐惧，赢得了公司的信任和重用，并走向了事业的高峰。

工作中遇到问题和困难在所难免，问题和困难不可怕，关键是如何解决。那么，我们该如何去解决呢？

首先，遇事要沉着冷静。心慌急躁会使人失去理智，降低处理问题、解决困难的能力。有时，还会徒增更多问题。沉着冷静的头脑，也更有利于寻找问题出现的原因。在查找原因的时候，如果发现是自己的原因，要主动承担责任，寻找问题的症结所在，然后进行有针对性的改进和提高。

其次，要知道这个问题大不大，困难的级别高不高。这就好比将困难看作敌人，要打败它，首先要了解它。如果问题比较大，自己难以解决时，就要考虑请同事帮忙，有些问题确实不是一个人力所能及的，必须要充分发挥集体的力量。

最后，寻找解决方法。机遇往往会在你解决问题的时候出现。一场危机看似是一场灾难，但如果处理好就是一次机会，抓住这机会就可能让你一鸣惊人。而如果在困难面前逃避，不去面对困难，当然也不会有助你成功的机会。

总之，要勇于去面对工作中遇到的困难，善于在危机中寻找机遇，抓住机会，提升自己的职场忠诚度。这样，将有助于你获得公司的信任，得到重用，为自己的职场生涯添砖加瓦。

工作金言

在职场中，每打败一次困难，就意味着你又通过了一次考验；困难的背后是危机，更是转机。

问题思考

王琛去一家大公司应聘分公司的总经理，顺利通过面试和笔试后，进入了复试。老板对他说：“我们虽然招的是总经理，工资也是按照销售经理的级别来算，但实习期必须要从最基层做起。”

王琛同意了，他也觉得首先要让对方知道自己是能够胜任这个职位的。刚开始，他以为是要去做一段时间销售，但没想到还要带车送货以及很多繁杂的工作，他有点受不了。但他知道这是公司对他的考验，也是证明自己能力的最好时机。于是，他坚持做了下去。三个月后，他熟悉了公司，对整体业务也有了系统的了解，手下还带了几名销售代表，他继续兢兢业业地工作，努力完成公司交给他的任务。

半年后，他被顺利任命为销售经理。后来，分公司总经理另有任命，他又被提拔为分公司总经理。他说：“我当时心中也有很多怨言，但我知道这是公司对我的考验，所以，我坚持了下来，证明了自己，也最终赢得了老板的信任。”

试想如果你是王琛，你会答应老板的条件吗？你是否能够坚持三个月来证明自己呢？谈谈你的想法。

共情力加油站：忠诚是立足职场的基石

每一家企业在招聘的时候，都会看重一个人的忠诚度，如果他对原来公司是忠诚的，就能初步保证他能够对自己的公司忠诚。甚至，有的公司还会专门设置考验应聘人员忠诚度的题目。

因此，任何时候都不要背叛你所在的公司，如果你觉得这家公司不适合你，你可以选择离职，但请不要将公司的商业秘密泄露给别人，因为一次背叛就会被扣上不忠诚的帽子。如果你被别人认定是一个不够忠诚的人，受影响的将是你的职业前途，甚至你会因此而走到事业的尽头。

那么，职场人士要怎样修炼共情力，提升职场忠诚度呢？

一、正确对待跳槽

在我们的职业生涯中，难免会出现想要跳槽的情况。跳槽是很正常的，但我们应正确对待这一问题。任何原因的跳槽都应该是基于对自身职业的规划，如果是为了高薪甚至是利益频繁跳槽，那你个人就永远也得不到成长。

如果你的跳槽频率很高，哪一个老板都不敢将重要的岗位交给你。第一，不忠诚的人不会很好地胜任；第二，更会有出卖公司机密的可能。

作为职场人士，千万不能视跳槽为儿戏，正确对待每一次职业选择，才能获得长久的发展。

二、让自己“德才兼备”

在职场打拼，就要努力将自己培养成一个“德才兼备”的人，缺乏忠诚的人，即使能力再强都会被淘汰；而缺乏能力，再忠诚也会平凡一生。因此，忠诚和能力都要打造好，才能赢得事业上的成功。

发挥共情力，站在老板的位置思考，你会将自己的心血交给一个不忠诚的人吗？忠诚是一种美德，更是一个人的基本素质之一。那些为了眼前利益而出卖公司的人，最后都会成为行业里的过街老鼠。

因此，修炼共情力，提升自己的职场忠诚度非常重要，它关系到你的事业高度和职业生涯。

第 5 章

用共情力激发工作责任感

一个人在工作中没有责任感，他的工作就一定充满了敷衍、推诿和逃避。这样即使有能力，最终也将会被淹没、淘汰。所以，责任，体现着一个人最基本的职业精神，

提升共情力，激发工作责任感，把工作视为自己为之奋斗一生的事业，才能让自己成为每一个企业都渴求的理想人才。

提升共情力，明白工作的责任

在工作中，有这样一类人，他们在接到任务的时候完全不放在心上，蒙混过关、得过且过；遇到问题的时候，不是逃避责任，就是推诿扯皮。这些都是不负责任的表现。

一个不负责任的员工不仅工作做不好，还可能会影响到同事以及整个团队的绩效，甚至给公司造成损失，这样的员工只会被慢慢淘汰掉。因此，责任心是一个职场人需要具备的首要条件。

M和N同在一家大企业做业务主管，M负责公司宣传的相关工作，N负责各大项目的开展，两人有时候需要全面配合才能将工作完成好。

有一次，公司开会，有一个大的项目需要做好宣传工作。M接到通知便去开会了，会开到一半他才发现，老板交代的很多工作其实都是需要N负责的，但是他根本没有看到N来开会。

会后，M找到老板，说很多宣传的工作需要N负责，自己要跟N交代一下。N来到老板办公室，解释说公司通知的时候，他正在卫生间，所以错过了。M交代完毕，以为就没有自己什么事了。

到了项目进行的前一天，M 碰到 N 的下属，随口问道：“宣传资料印好了吧，给我拿一份吧。”

那名下属吃惊地问道：“嗯？需要印吗？我们老大说公司有之前剩下的，不用印了啊！”

M 惊讶地说：“在那之后我们进行了好几个大项目呢，这些都得重新做，否则宣传还有什么用呢？”

恰好，这天 N 请假了，M 又去宣传部询问了他们的工作安排，原来，N 在请假前只安排好了一名解说人员。

怎么办，M 只好将情况向老板说明。老板听后大怒，说：“现在重新做，再拿去印已经来不及了。如果没有新的宣传资料，还不如不参与这个展览。”

这时，宣传部门的一名员工来找老板，说他们前段时间做过一个新的宣传资料备用，上面只少了一个项目，而且当时还印了几本，在资料保管处存着呢。

老板无奈，只能用这个比较新的宣传资料。

事后，老板狠狠地批评了 N，并说道：“如果再这样对工作不负责任，就不用来了。”

案例中，N 是典型的对工作不负责任。第一，在应该他去开会领取工作任务的时候，他因为上卫生间错过了，得知公司在开会后应该去，但他没有去；第二，在安排工作的时候，没有根据公司的实际情况考虑到宣传资料过时，只是糊里糊涂地安排了一名员工去解说。这些都是对工作极度不负责任的表现。

正如案例中的 N 受到老板的批评一样，这或许还是最轻的处罚，有些不负责任造成的后果，甚至会使你丧失继续工作的机会。共情力高的员工，会更加负责任、勇于承担责任，他们不仅能够出色地完成工作，还会受到领导欣赏和重用。那么，在工作中，我们应该怎样提升共情力，培养自己的责任心，让自己成为受同事欢迎、受老板器重的员工呢？

一、明确自己的工作目标

一个负责任的员工，在工作中就会主动为自己设定工作目标，并不断改进方式和方法。这样，当你在工作中遇到问题时，会更加明确解决方向；犯了错误也能够勇于承认，而不是逃避责任。

二、严格要求自己每天多做一点点

有责任心的人在工作时 ，一定会严格要求自己。比如，打印的文章没有一个错别字、设计的图案更精致一点、绘制的报表更准确一点、PPT 背景更与内容协调一点。严格要求自己就是在工作中多做一点点，同时时刻提醒自己，是不是尽心尽力了。

三、重视细节，从小事做起

很多工作中的细节，往往决定了这项工作的成败。负责任的员工会重视工作中的每一个细节，将每一件小事都做好，这样不仅可以减少工作中的失误，更能减少问题的产生。

西点军校有句名言：“没有责任感的军官不是合格的军官，没有责任感的员工不是优秀的员工，没有责任感的公民不是好公民。”只有对自己的工作负责，出现问题肯担当，才能够在工作中独当一面，成为公司倚重的骨干。在工作中养成良好的责任感，就是为自己一生的事业发展打下了坚实的基础。

工作金言

责任与担当是我们事业成功的制胜法宝。

问题思考

牛津大学的大礼堂有着三百五十年历史。1985 年，工作人员发现大礼堂的 20 根横梁已经风化腐朽，这是一个很严重的安全问题，需要立刻更换。

大礼堂用的每一根横梁都是由巨大的橡木制成，为了保持大礼堂三百五十年来的历史风貌，只能用橡木更换。但是要找到 20 棵巨大的橡树谈何容易，即使找到了也不好办，因为每一根橡树也许将花费至少 25 万美元。

正在大家都一筹莫展的时候，校园园艺所来报告，三百五十年前，大礼堂的建筑师早已考虑到后人会面临这样的困境，于是，请园艺工人在学校的土地上种植了一大批橡树。

现在，每一棵橡树都已经长成参天大树，它们的尺寸都已远远超过了横梁的需要。这个消息震惊了学校里的每一个人，建筑师们的责任感所体现出来的用心和远见令人们肃然起敬。

虽然这些建筑师早已仙逝，墓园也早已荒芜，但他们对工作的责任心却永远留在了每一棵郁郁葱葱的橡树上。

你如何看待礼堂建筑师的做法？上述故事给了你什么样的启示呢？

把工作当事业还是糊口工具，结果天差地别

为什么要工作？这个问题不知道有多少人去想过，但是一定有不少人看到这个问题都会回答：为了养家糊口。于是他们每天踩着点上下班，对加班不是找借口推脱，就是抱怨不休；对于领导交代的工作，只是机械地去完成而不做过多的思考；每个月领回自己应得的工资，高兴一下或者郁闷、抱怨一番，然后继续茫茫然地上下班。

如果一个人只把工作放在这样的一个层面，那他一辈子也就只能在这个层面了，甚至逐渐被社会淘汰，这绝不是危言耸听。

小澜大学毕业后，进入北京一家设计公司工作。面试的时候，公司口头承诺：虽然刚进入公司的时候工资是3000元，但会在两年内为她保持3000元的上升空间。

小澜当时没想着要赚多少钱，只是很喜欢文案设计这样的工作，况且自己刚刚毕业，于是就答应了。

上下班一看见地铁里那些设计精美的文案，她就很兴奋。文案很重要，但如果设计不好，哪有人看呀，她很是感慨。每当公司里分配给她一个文案的时候，她就格外用心，翻看很多设计图、

查找很多精美文案的设计案例。甚至有一次，她为了找一幅图案做背景，还专门去了趟学校请教老师，最后在学校图书馆里找到了类似的图案。

还有一次，她下班乘坐地铁的时候，发现站内的布置焕然一新，有一个系列的广告文案设计非常惹人注目。于是，她就在地铁站里待了很久，把设计图的大小，每一幅之间的逻辑关系、色彩搭配都想了个遍，很晚才回家。有时候为了不放过一个设计灵感，她会在公司待很长时间，同事们都开玩笑说她是个“傻子”。

几个月后，她交出的每一份文案基本都能获得老板的肯定，有的即使不符合，也被收起来做备用。小澜工作的质量，很快引起了所有人的注意。不到一年，她的工作就已经如鱼得水、游刃有余了。

两年后，她被提拔为设计主管，工资是 12000 元。

如果小澜当时想：公司只给 3000 元，自己就只干 3000 元的活，何必那么辛苦呢。再说，自己也不一定在这里长久地待下去，等有一定经验了，再跳槽去其他的公司说不定薪水会更多。那小澜还能在这一行业里取得这样的成就吗？正是由于她将一份工作看成了自己的事业，尽职尽责做好每一份设计，所以才取得了成绩，获得了升职加薪的机会。

每个人都会有一份属于自己的工作，但是大多数人忙忙碌碌，最终依然是一名小职员，这是因为他们把工作只当成了养家糊口的工作。这些人已经被生活磨得没有了梦想，唯一的期望就是每个月能拿到应得的工资。

只把工作当作养家糊口工具的人，往往在工作中压力更大；在责任面前也畏畏缩缩，不敢去面对。而有的人能够在工作中勇于承担责任，将工作视为自己一生为之奋斗的事业。

试想，如果马云只把工作当作养家糊口的工具，他完全可以拿着教师的死工资，而不用去承担互联网一次又一次的风险，当然也不可能有现在的享誉世界的阿里巴巴；如果任正非只把工作当作养家糊口的工具，完全可以不去一次又一次地冒险，当然也不可能有现在名震天下的华为。他们都是把工作当作了一生为之奋斗的事业，勇于面对挑战，承担各种各样的责任，才取得了事业上的成功。

可见，职业和事业，一字之差却有着天壤之别。

所以，从现在开始，每一个人都必须认识到——工作不仅仅是你用来养家糊口的工具，而是能够成就人生梦想的事业，需要投入更多地精力和热情。

工作金言

一个人如果把工作当作事业来做，那他就已经成功了一半。

问题思考

微软创始人比尔·盖茨先生说："如果只把工作当作一件差事，或者只将目光停留在工作本身。那么，即使是从事你最喜欢的工作，你依然无法持久地保持对工作的激情。但如果把工作当作一项事业来看待，情况就会完全不同。"

你如何理解比尔·盖茨的话呢？在实际工作中，你是如何做的呢？谈谈你的想法。

敷衍工作，就等于敷衍自己

在职场中，很多人自以为聪明，将自己定位为一个“给老板工作的人”，在工作的时候能应付就应付，能糊弄就糊弄，把少干活、图轻松作为主要追求。他们每一天的工作都是马马虎虎完成，还常常暗自窃喜，而且还嘲笑那些脚踏实地的员工，认为他们都是“傻帽儿”。殊不知，一个人敷衍工作，其实就是在敷衍自己。

那些共情力高的员工明白，敷衍工作没有出路。因为他们深深地知道，敷衍公司就是敷衍自己，到头来，对自己没有任何好处。

叶琳是一家家装公司的室内设计师，工作非常认真负责。她深知，做室内设计工作，设计重要，但与客户的沟通更重要。所以她每次接到客户的订单，都要反复和客户沟通，在充分了解了客户需求、考察了户型的情况下才会开始设计，设计的时候也会不断征求客户的意见。

有一次，来了一对老夫妇，他们都已经退休，想重新把房子设计装修一下，改变心境，安享晚年。

叶琳非常热情地接待了他们，当他们表达不清楚自己的期望的时候，叶琳就一遍一遍地给他们看自己设计过的样稿，问他们哪个设计更接近他们的想法。就这样，在她一步步地引导下，老夫妇最终确定了设计风格。

由于老人出门不方便，网上沟通那一套又弄不大明白，她又不厌其烦地到老人家里去测量室内空间。叶琳还考虑到很多细节，并耐心地解释给两位老人，在颜色校对的时候，还把在不同光线下拍摄的照片给他们看。

最后，两位老人对叶琳的设计很满意，对她的服务更是赞不绝口。

半年后，叶琳正在办公室里整理材料，突然来了两位客户，她一见，立刻想起来是那两位和蔼可亲的老人。老先生说中午想请她吃饭，盛情之下，叶琳答应了。

席间，老先生对叶琳的服务和工作态度记忆犹新，他说自己的儿子也回国开了一家设计公司，并极力向儿子推荐叶琳。他是为儿子来当说客的，聘她去当设计总监，工资是现在的3倍。

案例中，叶琳对自己的工作十分认真负责，与客户沟通的时候更是考虑得非常全面，给客户留下了良好的印象。她这种耐心、细致、负责、不敷衍的工作态度，给自己赢得了在事业上更进一步的机会。

可能有人会说，不敷衍工作，处处做好，工作效率就会很低，很可能做的都是一些没有意义的事情。其实不然，你所付出的一切都会在将来某一刻，给你加倍的回报。就像案例中的主人公一样，她看似做了很多烦琐的工作，但她做的每一点，客户都看在眼里，也记在了心里。当客户有机会的时候，首先就想到了她，这就是不敷衍工作，在工作中充满责任感给她带来的回报。

很多人在进入一家新公司的时候，都会有一个试用期，这个试用期一般是1~3个月，而且人事可能还会说具体看工作表现。

为什么试用期长短会不同呢？因为工作表现没有衡量标准，在你进入公司工作的时候，无论是老板、人事还是你的直属领导，都会关注你，其中最重要的一点就是看你工作是否敷衍。

有些工作，老板不重视、上级不检查、别人不注意，这些就是容易被敷衍的工作。恰恰是这些看似微不足道的小事，才能测验一个人的工作态度。所以，每个人都要认真对待工作中的每一件小事。当你认真做好每一份工作时，就一定能从中获益，获得认可，成为企业甚至行业内不可替代的优秀员工。那么，我们具体要如何做才能避免在工作中敷衍呢？

一、认真倾听工作指令

敷衍工作常常是从接收领导指令就开始了，不充分了解工作任务，不在最开始进行有效的沟通，在后期的工作中就容易产生“糊弄”的想法。所以，在领导布置工作任务的时候，就要集中注意力，充分了解这项工作的内容，知道工作中如果出现问题应该找哪个部门配合或帮助。这样，你才能更好地投入工作，做出让老板满意的工作成果。

二、重视工作中的每一个错误

有些人在工作中遇到困难，不是主动说出来去解决，而是能遮掩就遮掩，尤其是一些小问题，更是自以为不要紧而得过且过，最终酿成了大祸。这也是敷衍工作的一种，要做好工作就要对工作中的每一个环节严格把关。

一个人责任感的大小，会直接在他的工作中体现出来。没有责任感，敷衍工作，到头来只会害了自己。所以，在工作中，每个人都要发挥自己的共情力，激发工作责任感，这不仅仅是对工作负责，也是对自己负责，对自己的未来负责。

工作金言

对待工作不敷衍，始终秉持认真负责的工作态度，能够让你成为职场上不可替代的优秀员工。

问题思考

陈岱孙是我国著名的经济学家、教育家，他就是一个从不敷衍，死磕工作的人。

1927年，陈岱孙被清华大学聘为经济学教授。

那时候，清华大学对老师的备课讲义还没有明确的要求，但是陈岱孙非常看重讲义。他知道，对于学生而言，老师的讲义是最宝贵的知识。于是，每次上课前，他都要花3个小时的时间准备讲义，这些讲义都逻辑严谨，条理清晰，甚至连标点符号都不会出现错误。

有一次，一位学生因家中有事，错过了他的一节课。课后，同学找到他，想要借讲义抄一下。

但是陈岱孙说自己在课后翻看讲义的时候，突然有了新的想法，等他将讲义补充完整再借给他抄。

学生很是疑惑："已经讲完的讲义，还需要再补充吗？"

陈岱孙回答道："不管讲过多少遍的讲义，我都会不断进行修改；即使改上一百遍我也愿意，因为这既是我的职责，也是对你们负责。"

陈岱孙从不敷衍、对学生认真负责的工作态度，让他深受学生爱戴，也让他在清华大学获得了极高的声誉。他的课，每次都座无虚席，甚至一些不喜欢经济学的学生，也因为他而爱上了经济学。

你是否对工作认真负责不敷衍？陈岱孙的故事对你有何启发呢？

负责任很辛苦，尽责任超快乐

负责任，一听就是个“压力山大”的词，于是很多人在工作中把责任当负担，觉得太辛苦，能躲就躲，能推就推。其实，对于共情力高的员工而言，能够尽到自己的责任，他们不仅不会觉得辛苦，还能从中找到工作的意义和乐趣。

老杨和老李在一家购物广场当保安，他们分别负责两个地面停车场入口的安保工作。老杨整天在保安室里待着，基本不说话，没车的时候，就喝点水看看手机，有车进来的时候才抬抬眼皮，开个单子。车多的时候，他会出来指挥一下车辆出行，但从没有好脸色，对司机喝来喊去是常事。

有一次，一位司机看不惯他，差点出手打他，最后他被罚了钱。从那以后，老杨更不愿多管闲事，他想：堵着吧，反正我单子也给你们开了，也没不让你们进去，该做都做了，还能怎么样。

而另一边老李却完全是一副相反的做法，很多商场的工作人员都亲切地称他为“李叔”。“李叔，东西放你这儿一下，我过会儿来拿！”“李叔，我们在商场里卖的板栗，给你尝一下！”“早啊，李叔！”他每天都乐呵呵地，人们进来，他都会微笑示意，堵车的时候，更是拿着自制的小彩旗指挥车辆按秩序进出。

有时，他会用手机放一些悠扬的曲子，他说，这样进来的人心情也好。

慢慢地，李叔出了名，很多商场和小区的保安部门都慕名前来请他。他还是乐呵呵地说：“我只是个保安，你们好好培养，都一样的。”

就这样，老李年年都被评为“先进员工”，而老杨不知什么时候，早已被辞退了。

案例中，保安老杨把责任当负担，把工作当成一件很辛苦的事，不仅工作态度不好，还不愿多做一点；而老李却善于在工作中寻找乐趣，做好工作的同时还为他人提供便利，收获了好人缘，心情也跟着愉快起来。

负责任和尽责任，一个字的差别，却会给人不同的工作体验和感受。那么，如何才能将工作中的辛苦转化为快乐的工作体验呢？

一、做到“超预期”

有的人以为完成工作就万事大吉了，每天都是如此，久而久之，工作就只剩下了辛苦和负担，每天也只是为了完成工作。如果能够在达到工作目标之后，有一种精益求精的态度，争取更好的工作成果，整个人的状态和心情就会完全不一样。不仅如此，你超预期完成工作，领导都会看在眼里，也会更加重用你。

二、做一个 B 计划

很多时候，工作不是做完就完了，可能会需要改动、重新做等。比如，要准备方案的时候，最好要有备用的方案，或者老板让你安排行程，最好能够规划多种可行性的方案。这样，不仅能提升你的能力，也让老板对你刮目相看。

三、保持对工作的热情

工作，没有不辛苦的。之所以辛苦，是因为你只把自己当成了一个工作的机器。如果能在工作中投入更大的热情，工作起来就更有劲头，甚至能让自己的能力得到超常发挥。而没有激情的人，往往也就发挥刚刚能达成工作目标的能力。

总之，负责任是一个很辛苦的工作过程。如果能在工作中投入足够的热情，多做一点，工作就不再单调无聊和辛苦，相反还能体验到尽责任带来的快乐。

工作金言

负责任和尽责任是工作中辛苦和快乐的分水岭。

问题思考

小飞在大学期间学习成绩优异，表现良好。毕业后，留校做了辅导员，工作稳定。同学们都很羡慕。

小飞也很满意自己的工作，他学的是数学专业，刚开始做辅导员的时候，他感觉很充实，和同学们也相处得很愉快。半年后，由于他在课后不断深造，对数学的兴趣不减，于是就慢慢让他做数学老师，开始带课。几年后的一次同学聚会上，同学们都眉飞色舞地分享自己的工作经历，只有他坐在一旁闷闷不乐，毫无精气神，有朋友过来问道：“小飞，你这是怎么了？”小飞看了看朋友，说道：“别提了，我现在真后悔待在学校里，整天也就是讲讲课，那些课也是千篇一律，年年讲。当初我还想着在数学上有点什么出息呢，现在看来一辈子也就这样了。”

“我们还都羡慕你呢。”又有两个同学围过来说道。

“羡慕什么呀？同学们都说我的课是‘史上最无聊数学课’。”说着，小飞无奈地笑了笑。

“看你说的，等哪天我给你治治，把你这心病去了。”朋友拍了拍他的肩膀，笑呵呵地说。

果然不久，那位朋友就约他吃饭。

“你现在虽然说很负责任，学校不会开除你，你也不能离职，所以整天不开心啊！”“说得对啊！那你说怎么办？”小飞问道。

“像你这样的，光负责任还不行，你得从工作中寻找乐趣，找个奔头。其实说到底，你还不够尽职尽责。”朋友一本正经地说。

小飞也来了兴致，说：“我还不够尽责吗？我的课还挺……”说到一半，他也觉得说不下去了。

“你只把课上完还不行，你得想想怎么能讲得生动有趣，怎样发现同学们的天赋，或者你和同事们交流教育心得也行啊。”朋友继续说道。

小飞认真地点了点头，示意朋友继续说。

“课余时间有吧？怎么不利用起来呢，反正你的梦想也和你的工作关联也很大啊！”

小飞回到家，把朋友的话想了一遍又一遍，越想越觉得有道理。在负责任的前提下，如果能够做更多的事情，工作会更有成就感，自己也更有激情，绝不会是现在这个样子。

你怎样理解小飞朋友的话呢？如果你是小飞，在接下来的工作中，你将怎样去做？

推诿工作不是聪明，而是愚蠢

常常有一些工作，领导没有特意指明有谁来做，或者还会有些看似简单，但做起来比较麻烦的小工作。很多人都不愿意做这些事情，于是开始相互推诿，也就是人们常说的“踢皮球”。

有的人善于“踢皮球”，并觉得这是聪明，还会时不时为自己又能轻松一些还不用负责任而暗自窃喜。其实，这不仅不是聪明，更是将机会拱手于他人的愚蠢做法。不推诿工作的员工，更有责任心，更能接触到方方面面的工作，从而也会获得领导的赏识、重用以及更多的机会。

陈威刚刚大学毕业，应聘到一家出版社工作。由于是实习生，刚开始只是做一些对稿件进行初审、校对的工作。慢慢地，领导分配任务时也会问问她，是否能够完成更多的工作。有一次，有一本很厚的关于设计方面的样稿需要编辑来校对，领导先问了另外两名老员工，他们都说自己手头上工作忙不过来，于是领导就交给了陈威。

又有一次，领导接到一个大项目，一个系列的书有十几本，需要在系统上填写选题申报，陈威发现两天了也没人做这项工作，而几名一同应聘进来的同事也都像没看见这项工作似的。于是陈威就向老员工请教怎么做，然后她试着填好。其实，她知道，这项工作没有什么难的，只是填了也不会有工作绩效，填错可能还会受到责骂，所以都推着不填。

从那以后，只要有选题申报的工作，都是陈威填，有时候是她主动，有时候是同事太忙让她做。

一年后，陈威已经对这些工作驾轻就熟了，领导也觉得她工作认真负责，常常在开会的时候表扬她。

案例中，陈威不仅做好了本职工作，更主动去做了一些分配不是很明确的工作，不仅给领导留下了良好的印象，更锻炼了自己的能力。

其实很多人推诿工作不是因为能力不足，而是本着多一事不如少一事的心态，害怕承担责任，做好了是功劳，做不好是自己的错，不如不做，最保险。甚至有些人会把自己该做的事有意无意地推给别人。

然而，工作中最基本的责任就是把属于自己的工作做好，除非你不能胜任它。否则，推诿工作就是愚蠢。因为你推出去的不仅仅是工作带给你的辛劳，更是锻炼自己、提升能力的机会。

因此，推诿工作是对工作不负责任的表现，这样的逃避也说明了你的无能，导致同事看不起，领导不认可，最终只能在平凡的小岗位上庸庸碌碌。

推诿工作不仅会影响自己，还可能会影响整个团队的工作效率和绩效，甚至影响公司的利益，最终让自己受损，这是一个恶性的循环。

人人都要有责任感，并善于或勇于去承担责任，这样才能做好工作，体现能力，在职场上一片坦途。

工作金言

推诿工作的人，迟早被职场推出去。

问题思考

迈克慌慌张张地走进了一家大公司，他是来面试的，虽然他已经迟到了十分钟，但招聘的办公室依然有人，他走了进去说：“实在抱歉，先生，今天路上特别堵，前面那个人明显车技太差，又在停车场里转了好几圈，怎么都找不到停车位，真不知道当初怎么设计的。”

面试官抬眼看了看迈克，一言不发，继续盯着电脑看，仿佛没有这个人一样。

等迈克停止说话后，面试官才说：“你的面试已经结束了，你可以走了。”

后来，面试官与一位做置业顾问的朋友说道：“一个因为迟到就将责任推给堵车、停车场设计甚至一个陌生的开车人，能做好工作吗？这样的人很难有哪家公司能放心委他以重任。”

你认同迈克的做法吗？如果你是迈克，你会怎么做？你怎样理解面试官的话呢？

干好分内工作是合格，干好分外工作是优秀

在职场中，每个人都有相应的工作职责，很多人也是按照这份职责去完成工作，尽到自己的责任。但是为什么同样是都完成了工作，有的人能够升职加薪，有更多机会，而有的人却庸庸碌碌，毫无起色呢？

没错，做好分内工作是每个人的工作职责，但是要想获得更好地发展，就不能只停留在做好分内工作之上，而是要多一份进取心。在做好本职工作的同时，尽自己所能每天多做一些分外的事。这些事可能就是你的举手之劳，却能为你的工作加分。

王斌是某事业单位培训科的一名职员。

有一次，单位召开工作会议，培训科负责下发会议通知，科长将这一项任务交给了王斌。王斌认为这是单位办公室的工作，并不属于自己的工作范围，干好了功劳也不会记在自己头上。但他还是按时将通知发出了，只是有几个科没有去参加会议。事情也不大，但科长还是问他：“通知是不是没有发到位？有几个科没有去参加会议。”

王斌说：“可能漏发了几个吧，他们其实也没人愿意去，况且

这本来也不是我们的工作。”科长没说什么，事情就这样过去了。

又有一次，有家单位去王斌所在的单位拷贝一份材料，正巧资料在培训科，科长让王斌负责。几天后，科长问：“材料给他们了吗？”王斌满不在乎地说：“找到了电子版，他们也不来拿，来拿的时候复制一下就好了。”

一年后，单位需要提拔一位科长，每个科室都要推荐一名人选。王斌觉得自己学历高，能力也很不错，工作也有几年了，科长一直很喜欢自己，怎么想都觉得科长会推荐自己。

结果，科长推荐了另一名同事。

案例中，王斌是很典型只做好分内工作的员工，对科长另外交给他的工作则完全不放在心上，勉强做完就已经很不错了。到头来，虽然他工作能力强，但还是在竞争中输给了别人。

事实上，像王斌这样的员工有很多，他们只会做好自己分内的工作。然而，优秀的人绝不仅限于尽到自己的工作职责，而是会纵观全局，考虑更多的事情，并主动去做好。

在工作中，人们通常会遇到以下几种情况的分外工作：

一、本职工作的延伸

很多工作，看似已经完成得很好了，但是还有一定的发挥余地。如果发现一项工作还能完成得更好，就要全力以赴去把它做好。这不仅有利于你更加全面地认识本职工作，增强你的工作能力，还能获得领导的赏识，增强个人的职场竞争力。

二、其他岗位的工作

有些工作并不是自己这个岗位所应该负责的，但是领导可能会暂时交给你去做，这种情况要带着去学习的态度尽可能做好。首先，这是你了解公司文化，了解其他岗位工作内容的机会；其次，任何一项能力都是锻炼出来的，做好这一类分外工作，将使你成为“斜杠”员工，处处受欢迎。

三、公司里的其他事情

每个公司里都有一些看似不起眼，但做了更好的分外工作。这些工作可能是临时帮领导打印一份文件，帮同事转交一下材料，甚至是给植物浇浇水等一些举手之劳的小事。主动参与这些事，更能融入公司，也能为自己的工作增添一份情趣。

在职场上，听命行事已经不再是优秀员工的评价标准，做好分内工作只是一名合格的员工。要想在职场中步步高升，在事业上取得成就，就必须要在做好分内工作的前提下，多一点主动性，做好分外工作。这样，才能成为一个可以委以重任的优秀员工。

工作金言

成功不是合格，而是不断优秀。

问题思考

新津春子是日本羽田机场的清洁工，她的工作就是维护好所负责区域的清洁，但是她却比别人更忙。因为除了清洁工作，她还会将除臭、除菌、烘干等这些纳入工作范畴当中。

很多人看着机场已经很干净整洁了，但她还是忙个不停，每一个污点，还有那些几乎看不见的污痕，她都会卖力地擦拭。在清洁洗手间时，新津春子会注意到干手机底部的一厘米宽的凹槽，因为那里也是容易滋生细菌的地方，尤其是小孩子能接触到的地方，新津春子用的清洁剂都是无刺激性的。

80 多种清洁剂的使用方法，新津春子倒背如流，还能根据污渍，迅速分析出其形成原因和组成成分，从而想出有效的处理办法。为此，她获得了“国宝级匠人”的荣誉称号，而她工作的羽田机场，曾连续四年被评为“全球最干净机场”。

机场的管理人员说：“新津春子所做的不是保洁工作，而是技术性的工作。”

现在，新津春子负责管理 700 人的清洁队伍，维护着羽田机场的每一个角落的干净与整洁。

读了新津春子的故事，说说你的想法。

共情力加油站：尽职尽责，敬业勤奋

在竞争如此激烈的现代社会，毫不夸张地说，一个人的工作前途，就取决于他的工作责任感，也就是他的敬业程度。只有具备忠于职守的职业道德，才有可能为顾客提供优质的服务，在工作中得心应手。

敬业，就是尊敬并重视自己的职业，把工作当成自己的事业，并对此付出全身心的努力；抱着认真负责、一丝不苟的工作态度，即使付出更多的代价也心甘情愿；并能够克服各种困难，做到善始善终。这也是修炼职场共情力的最基本的要领。

共情力高的人对待工作不仅仅是工作，更包含了自己的人生理想，生活也更加充实，人生也充满了意义。一个人无论从事什么职业，都要尽心尽责，尽自己最大的努力，把工作做好。这不仅是职责的需要，也是人生的需要。

无论你身处何处，只要怀着一种敬业的精神，全身心投入工作中，并尽心尽责，忘我工作，就一定会取得成功。

松松垮垮的泥瓦工建造的房屋，就会经受不住暴风雨的袭击；马马虎虎的外科大夫做起手术来，是在拿病人的生命开玩笑；懒懒散散的律师，只会是让当事人浪费金钱……这些都是缺乏敬业精神的具体表现。

阿尔伯特·哈伯德说："一个人即使没有一流的能力，但只要你拥有敬业的精神，同样会获得人们的尊重；即使你的能力无人能比，却没有基本的职业道德，一定会遭到社会的遗弃。"

很多人能力比别人强，但是成就却远远落在别人后面，究其原因是他们在自己的工作中没有做到全心全意、尽职尽责。敬业的员工，不仅仅是为了对老板有个交代，更重要的一点，敬业是种使命，是一个职业人应具备的职业道德。

一、将敬业作为一种习惯

有些人天生就具有敬业精神，用责任心对待每一项工作任务，一投入工作就废寝忘食，但有些人则需要培养和锻炼敬业精神。如果你自认为敬业精神还不够，那就要激发自己的共情力，以认真负责的态度做事，让敬业精神成为你的习惯。这样，你就会积极主动地去工作，并从中体会到快乐，从而获得更多的经验，取得更大的成就。当然，要取得最终的成功需要长期的努力，不会迅速见效。但如果不具备敬业精神，那也就不会有成功的可能了。工作上的马虎失职，也许对公司并不会造成严重的影响，但长此以往，也就葬送了你的前程。

二、做事一丝不苟

在现代社会中，由于经济高速发展，工作机会很多，因此常有企业招募员工。但是你千万不要以为到处都有机会，而对目前的工作漫不经心；也不要因为不怎么喜欢目前的工作而成天混日子。每一个职场中人，都要磨炼和培养自己一丝不苟的精神，因为无论你将来处于何种位置，做何种工作，敬业精神都是你走向成功最宝贵的财富。

做事一丝不苟能够迅速培养严谨的品格、获得超凡的智能，它既能带领普通人往更高的方向前进，更能鼓舞优秀的人追求更高的境界。

共情力高的员工对待工作会全心全意，善始善终，总能做到一丝不苟。所以，他们更容易变得优秀，并取得成就。

三、业精于勤

美籍华人丁肇中教授为了探索物质世界的奥秘，常常废寝忘食地做实验。经过长期潜心研究，他终于发现了丁粒子，从而获得了诺贝尔奖。共情力能够促使一个人热情地对待工作，将工作看作自己生活的一部分，融入责任感，更好地完成工作，也成就了自己。

四、每天多做一点

你没有义务去做自己职责范围之外的事，但是你可以选择自愿去做，以驱策自己快速前进。率先主动是一种极珍贵、备受重视的素养，它能使人变得更加敏捷，更加积极。

无论你是管理者，还是普通职员，“每天多做一点”的工作态度能使你从竞争中脱颖而出。你的老板、委托人和顾客会关注你、信赖你，从而给你更多的机会。

五、有始有终

做事情无法善始善终的人，其心灵上也缺乏相同的特质。他们不会培养自己的个性，意志无法坚定，无法达到自己追求的目标。一边贪图玩乐，一边又想修道，自以为可以左右逢源的人，不但享乐与修道会两头落空，还可能就此毁掉了整个人生。

六、竭尽全力

无论做什么事，都必须竭尽全力，因为它决定一个人日后事业上的成败。一个人一旦领悟了全力以赴地工作能消除工作辛劳这一秘诀，他就掌握了打开成功之门的钥匙了，并能处处以主动尽职的态度工作，即使从事最平庸的职业也能赢取老板的赏识。

从这一点来说，对工作竭尽全力的员工，是老板最倚重的员工，也是最容易成功的员工。如果你的能力一般，全力以赴能让你得到更好的发展；如果你十分优秀，全力以赴会将你带向更成功的领域。

总之，一个人无论从事何种职业，都应该尽心尽责，尽自己的最大努力，求得不断进步。能够以主动尽职的态度工作，即使从事最平凡的工作也能取得成就。这不仅是工作的原则，也是人生的原则。如果没有了职责和理想，生命就会变得毫无疑义。

无论你身居何处（即使在贫穷困苦的环境中），如果能全身心投入工作，最后就会获得经济自由。那些在人生中取得成就的人，一定在某一特定领域里有过坚持不懈的努力。

第 6 章

共情力高，执行力才会强

没有执行力，一切都是空谈，在职场也是一样。一个人执行力不强，在工作中拖拖拉拉，不到最后一刻不开始去做，那他将一事无成，更不会在职场出人头地。因此，执行力是立足于职场的一项必备能力。

在实际工作中，共情力高的员工，执行力往往就会强。因为他们能够换位思考，明白执行对于个人和公司的重要意义。

发挥共情力，提高执行力

在职场中，有很多人由于缺乏严谨的工作态度，或不能站在公司和老板的角度考虑问题，让工作一拖再拖，最后不仅影响到自己和团队的工作效率，还可能给公司带来经济损失。那些共情力高的员工，则能在接到工作任务后，首先想到工作效率，而不是拖到最后一刻才去做。

有家公司在深圳开设了一个办事处，员工小张业务能力不错，本来能提升为业务主管，但一直没有机会。这一次，领导让他带领两名员工去深圳办事处，负责那里的一些业务。

小张来到深圳，开始做一些成立办事处的准备工作。在申报税项的时候，有位员工说："其实很多像我们这样的办事处都不申报税项的，况且我们也没有营收。"

于是，这件事就一直拖着，久而久之，小张就忘了这件事。

后来，因为税务问题，他们办事处受到了处罚。

汇报工作的时候，领导问小张："怎么能不申报税项呢？不纳税能行吗？你当时怎么想的？"

小张吞吞吐吐地说："当时我想到了税务申报，但他们俩都说很多公司的办事处都不申报，我就没放在心上。另外……这不是也能给公司省些钱，就一直拖着……”

“拖了两年？”领导大声问道，又扭头问另外的两名员工，“你们呢？”

“我们当时确实这样和主管说的，当时我们也确实没有营收，但是后来主管没提，我们也就……”

最后，三人都被领导辞退了。

案例中，小张在申报税项的时候听信下属的话，将这件事给拖延了两年。如果他当时能考虑到不及时申报税项会对总公司造成影响，然后及时去办，就不会有后面的事了。

一个人的思想决定了他将怎样去做，如果你能站在老板的立场上去想，你也会希望员工能够高效地完成工作。所以，要提高执行力，首先要运用共情力，从对方的角度出发去考虑。

在实际工作中，我们可以借鉴以下几点，发挥共情力，提高执行力。

一、合理安排工作任务和时间

在工作中，为自己制订详细的计划，并为计划中的每一个目标设置相应的时间节点。然后在每个时间节点去完成属于自己的工作，就能大大提高我们的工作效率，帮助我们改掉拖延症。

二、分清工作主次

分清主次，根据轻重缓急去工作，工作会有头绪，做起来也不会很难。

三、做出保证

有时候，其他人的监督会使自己产生工作的动力，从而保证高效完成工作。所以，为避免拖延工作，可以试着向领导做出保证。这样，有了这个承诺，你就会提升执行力。

四、降低工作难度

试想你是一名清洁工，负责某商场两层楼房的清扫工作。你想到要擦扶梯、擦立柱、清洁卫生间、还拖地，迟迟不想动工。这时，你可以想只擦扶梯，这样降低门槛，从最容易解决的工作突破，为全面完成工作扫清障碍。

五、分解工作

有很多工作看起来很烦琐，难度很大，以至于人们不愿开始着手去做。这时，可以将一项工作拆解开来，分阶段完成，这样会减轻压力，更容易开始执行。例如，你要写一篇文章，虽然有了固定的主题，但一想到要写2000字，就迟迟不愿动手。这时，你可以将一篇文章分成几个模块，试着去规划一个模块能写多少字，然后一个模块一个模块地写，这样更容易去完成。

六、养成一次搞定的习惯

发现问题后要及时去解决，而不能抱着“先放一放”的心态。这样，问题只会越积越多，再回头去做，往往会花费更多的时间。不留问题，一次搞定，能提高工作效率，让接下来的工作更没有压力，容易上手，避免拖延。

当今社会，互联网科技发达，信息轰炸，手机电脑无时无刻不在进行信息推送；很多人在工作的时候，难免看上一眼，这一看就停不下来，导致工作一拖再拖。

然而，一个人的工作多多少少都会影响到整个团队的工作，所以，要提升共情力，为公司的整体业绩着想，才能提高个人执行力。当然，公司的业绩好了，员工也会跟着受益。

工作金言

共情力是提高执行力的助力剂，不会共情，就难以在职场中雷厉风行。

问题思考

王宁是一家互联网科技公司的后端程序员，他的工作效率非常低。每次工作任务发下来，他都不当回事，总想着反正参与这项任务又不止我一个，于是时不时看看手机，浏览一下网页，加班的时候更是会看看网络小说，甚至打打游戏。

虽然他技术纯熟，往往能在测试的时候最先找到 Bug，但是他在这家公司干了五年，依然只是技术员，工资也没有涨多少。

有一次，团队合作的一个项目马上就要进入测试阶段了，王宁还没有完成自己负责的那一块，最后只能潦草写完。果然，测试中出现错误最多的那一块就是他负责的，很多代码都存在一些小错误。技术总监得知后非常生气，责令他加班重新写。

后来，他的工作合同到期，公司没有选择与他续约。

公司为什么不愿意与他续签合同呢？看了上述案例，你有何感想？

立即行动，只是空想没有一点用

在工作中有想法很重要，但是有想法而不去实现，就毫无价值。然而在现实中，很多人不是没有好方法、好主意，只是有了想法却一拖再拖，最后导致没有实施。

执行力高的人会运用共情力，想到就会去做，而不是仅仅停留在空想上。空想而没有行动的人终将难成大事。

小G是个性格内向、爱幻想的小伙子，他在工作中也很有想法，但总是觉得自己的想法可能早有人想到了，或者说不定同事有更好的想法。

有一次，公司要做宣传，需要他们几个组共同策划，每个组先想一个策划方案，最后一起讨论哪个好就用哪个。会还没开完，小G就开始想了，产品用户定位、公司所能提供的宣传条件以及能给用户怎样的体验都想了一遍。

会后，部门领导召集每个组谈谈自己的想法，小G觉得自己虽然已经有些想法了，但是还不太成熟，就没有说。

其实小G只要停下手头的工作就会接着想，具体怎样实施，这个活动才会完成得更好。

几天后，部门再次组织开会，请每个组谈谈自己的策划方案，小G一直坐在那里观望。轮到他们组的时候，小 G 看了看组长，才突然想起来，自己并没有跟组长沟通过自己的想法。这时，组长站了起来，说出了自己的想法。

接着，又有一个组长站起来叙述自己的方案，小 G 一听，与自己的想法不谋而合。而大家对这个方案非常看好，领导也觉得不错。最终，这次的活动策划非常成功，该组的每一位成员都会获得额外奖励。

见状，小 G 后悔极了。

案例中，小 G 对活动策划很有想法，但是他只是自己想，而没有参与进去，让别人捷足先登了。如果他一有想法，就立即与组长沟通，组长再在会上直接说出来，那得到额外奖励就是小 G 所在的组了。只是空想，而不去行动让小 G 失去了表现自己的机会，也让他们整个组失去了在领导面前表现的机会。

有人说做任何事之前，一定要先想好，做好计划、规划，否则就像无头苍蝇一样，不知所措，到处碰壁。这话不错，但如果只是空想，只是制订好计划不去执行，那一切都没有意义，也不会有任何成就。

那么，我们要如何改变心态，将思想付诸行动呢？

一、等待只是借口

任何事总有不合理的那一面，谁都不可能等到一个完美的时机。如果要等到时机成熟才去开始一项工作，那可能永远都开始不了。所以，不要等到条件都具备才去行动。

二、空想等于没想

任何事只是想而不及时去做，会不断模糊甚至忘记。比如，你突然有了一个好主意，可以用在工作中，但没有及时去做，过一会儿，这个主意的细节就会被淡化。几天后，这个主意就会越来越模糊，最后被忘记。所以，空想而不去做，结果和没有想是一样的。

三、不去设想，注重当前

有些员工在工作之前会进行一番设想，或是关于工作安排，或是关于时间计划。当前的时间才是最重要的时间，浪费在设想上，就迟迟开始不了。再多的计划和安排都会随着工作中的变化而变化，所以立即行动，在工作中随机应变，一切都会迎刃而解。

总之，想法再完美，没有好的执行力，不立即去行动，永远只是纸上谈兵。要成为高效能职场人士，就要将更多的精力放在执行力的培养上。

工作金言

绕开那些空想，立即开始一项工作，你就是那个高效的人。

问题思考

某公司举行年会，活动进行到尾声的时候，董事长做最后的总结性发言，说到一半，他话锋一转，说道："现在我请各位一起来做一个游戏，大家必须用心投入，然后去执行。"然后他拿出几张面值100元的人民币放在了讲台上，台下员工们面面相觑。他接着说："现在有谁愿意拿1元过来交换台上的几百元？仅限十秒之内。"

台下，员工们开始小声议论，董事长顿了顿，又把刚才的话重复了一遍，然后他说道："开始！"接着就倒计时！没有人从座位上站起来，倒计时到6的时候，有人开始蠢蠢欲动，但没人冲上台去；到4的时候，突然有位小伙子冲到台上，迟疑地看着董事长，董事长平静地看着他，主持人那边还在倒计时；在数到1的时候，这名小伙子快速放下自己手中的1元，将讲桌上的人民币拿了起来。

倒计时结束了，那名小伙子回到座位上，董事长说道：“这名小伙子上台换走了台上的几百元，说明他是一个执行能力很强的人，顷刻间就赚了几百元。倒计时结束后，剩下的所有人都不再拥有这个赚钱的机会。”台下的员工这才知道董事长的用意。最后，董事长又说道：“凡事马上行动，立刻行动，你的人生才会不一样。”

你怎样理解董事长最后说的话？如果你是台下的员工之一，你会走上台去执行领导的指令吗？

想拖延工作，最好先想想后果

领导布置了一项新的工作任务，你觉得这个任务很好完成，有的是时间，先玩会儿手机吧。这项任务离规定的完成时间还有 3 天，你默默告诉自己：“没事，时间早着呢。”然后继续悠闲自在，看看手机，浏览一下网页。

接下来，剩余的时间越来越短，你开始手忙脚乱，想要认真工作，但是资料堆积如山、领导同事不断催促，让你一点头绪都找不到。

最后，你觉得工作太多了、任务太重了，只能东拼西凑、仓促完成。

以上的工作状态是多少职场人士的真实写照，试想一下，接下来还会发生什么：由于匆匆完成，漏洞百出，导致客户不满意；同事沟通不顺、相互推脱责任；领导不满意、批评责骂等等。这些都只是因为你从最开始将工作一拖再拖而造成的。

拖延症的危害巨大，不仅耽误工作、破坏团队协作，还影响情绪和人际关系，甚至对人生的职业规划造成重要影响。所以，在拖延工作之前，最好先运用共情，想想结果。

于清江是某玻璃瓶加工厂客户服务部的一名员工，负责客户打款、交货的相关事宜。有一次，有一个大客户和他们厂签订了一个大订单，定做了3万只饮料瓶，而且催得很紧。但到了交货那天，客户竟然没来提货，于清江就给客户打了电话，客户说会尽快来拿。

挂了电话后，于清江还一直在心里嘀咕，不是说挺着急的吗？怎么也不快点来拿。

第二天领导看到没有交货，于清江就说明了情况。领导说："既然不来拿，就请工人先把货物搬到仓库里吧。"于清江先是答应了，但转念一想，觉得万一刚搬回去客户就来了，不是还得搬出来吗？于是迟迟没有去仓管处。

两天后，他正在办公室里工作，突然下起了雨，他猛地站了起来，这才想起来有一批货还在外面呢。

于是，赶紧跑出去往仓库里搬，叫来帮忙的工人们也是怨声载道。领导得知后问他："我说搬到仓库里就是为了防止下雨。你怎么没有去做？"

于清江自知无理，没有说话，只好给客户道歉，并将最后淋湿的几箱货重新装箱，幸好是不怕雨的货物，又有保护层，只是湿了箱子，客户就没有深究。

案例中，于清江在接到一项工作指令的时候，迟迟不去做，最后导致货物被淋湿，他也受到了批评。如果他能想一想货物在外面，下雨容易淋湿，会导致客户不满意，自己也会遭到批评，一定不会再拖着不去做了。

拖延症是一种顽疾，是很多职场人身上都患有的职业病，如果要想在工作中取得成绩，在事业上顺风顺水，就必须要克服它。因为只有高效执行的人才是职场真正的赢家。

那么，人们应该怎样改变心态，戒掉拖延症呢？

一、要有危机感

当你想拖延的时候，先去想一想如果再继续这样下去，工作就不能在规定的时间内完成。到时候客户不满意、领导更会很失望，而自己可不想让这样的事情发生。这样的危机感会在一定程度上激励你尽快执行工作，防止拖延。

二、想象提前完成的快感

能够很好地完成一件事情，会让我们产生快感和成就感，从而使精神愉悦，这种良性循环能够帮助我们建立自信，使我们充满信心地去面对更大的挑战。此外，还会受到领导的肯定、同事的刮目相看以及客户的表扬，这些无疑都是我们立足于职场的重要因素。

三、预想工作可能会遇到的困难

工作时，提前预想可能会遇到的难题，试想这些难题如果不未雨绸缪，到最后就会毫无头绪，增加工作难度。

拖延的危害不言而喻，任何人都不想拖延，但有时候就是控制不住地想去做一些与工作无关的事情；等想到开始工作的时候，一大半时间已经浪费掉了，后果就是完不成、完成不好、领导批评、业绩上不去。所以，想拖延的时候，先想想这些后果吧。

工作金言

拖延，是工作失败的导火索。

问题思考

周一早会上，经理公布了新的工作方案，并交代秘书整理好会议记录，第二天交给他。秘书口头上欣然答应，但心想：明天交给经理就行，一整天呢，来得及。很快到下班的时候了，她还没有做。她心想：晚上时间不少，到时再做吧。

晚上回家后，她想起来周末有一期新更新的综艺节目没有看，于是打开电视一边吃饭一边看。吃完饭后，她想起来要整理会议记录，但又转念一想：都忙了一天了，刚吃完饭，还是先放松一下，一会儿再做。

看完节目，她已经开始打哈欠了，实在不想打开电脑，于是迷迷糊糊地睡着了。

第二天，她急急忙忙地来到公司，打开电脑，还没开始整理，就看见经理已经来了。

经理得知她没有完成工作后，非常生气，狠狠地批评了她。

想一想，你身上是否出现过上述故事中类似的情景？谈谈以后如何改进。

工作中不能搞“形式主义”

在职场，执行力就是雷厉风行，说到做到。但事实上却有很多员工在格子间里打着工作的幌子，而悄悄做着别的事情，只是表面上看起来很忙，实际上一点工作效率都没有。

假装在工作，看起来很用功，这就是典型的“形式主义”，但工作结果会说明一切。任何在工作中搞形式主义的行为，都是在自欺欺人罢了。

依依是某公司新来的实习生，主要负责节日宣传工作和微信公众号的运营。她希望自己能够顺利转正，甚至是提前转正，于是看起来非常努力，同事们下班都走了，她还是加班。尤其是每到要做节日宣传的时候，她更是会加班到很晚。

有一次，眼看七夕节马上就要到来了，领导让她做一份文案策划。她打开电脑，开始查资料，但网页上推荐了不少什么恋爱小贴士、失恋小故事等内容和消息，很快吸引了她。

领导一出来，她就赶紧将页面切换掉。那天早晨上班时交代的任务，午饭前领导问她做到什么程度了，她说还在查资料，领导没说什么。下午三点，领导又过来问：“做到哪一步了？”

“已经写好了大致的提纲，内容还得再想一想。”依依回答道。领导前脚一走，她又开始和同事小声嘀咕去了。

第二天，依依递交了自己的方案，但领导一看，活动创意、内容和前一次节日策划大同小异，换汤不换药，没有一点新意。

最后，领导批评了她，让她重新做。

案例中，依依看起来工作很努力，在网络上查查找找，还不断加班，但实际上没有多少时间是用来工作的。领导来了，便谎称在查资料、在思考；领导一走，立刻就“现出原形”想干什么就干什么，工作也只是敷衍完成。

有很多人都是这样，领导一出现就装作很忙的样子，领导一走就开始想着刷个朋友圈，看下微博吧；有的人是在查资料的时候看到一条自己感兴趣的新闻，忍不住点进去看两眼；有的人是中途倒杯水顺便和同事聊个天：某某又被催婚了、某某上周相亲去了；还有的是上个厕所，顺便剪剪指甲、补个妆……等到快要下班的时候，才发现这个 PPT 还没有做完；那个报告怎么还没有整理……然后看着快要到下班的时间了，只能长叹一口气，发个朋友圈：“唉，今天又要加班了。”

事实上，很多不能用结果来证明的努力，都是在工作中搞形式主义。

在“形式主义”中，时间就这样被一分一秒地浪费了，最后，导致工作难以完成。而共情力高的员工会在工作时一心一意，完成好自己的每一项任务，他们的执行力也往往最高。

所以，很多员工不是能力不够，不是工作完不成，只是需要摒弃工作中的“形式主义”，这样，职场之路才能越走越顺利。那么，我们具体应该怎么做呢？

一、反复给自己提示

当想要点开一个与工作没有任何关系的网页时，可以在心里反复提示自己：不要去点开，如果点开，就会影响到后面的工作，等工作做完了，就可以去看了。这样的提示会给我们一个积极的信号：既不耽误工作，工作完还能去看，两全其美。做工作是有时间限制的，而那条感兴趣的资讯却什么时候去看都行。

这样，时间久了，就能让自己时刻认清楚自己需要做什么，不能做什么。

二、做好每天的工作总结

如果我们都能对自己职责范围内的工作有一个清晰的认识，明白工作不是做给领导看的，而是自己的任务，必须高效完成它，那么我们就不会搞形式主义。当然，要做到这一点，就要做好每天的工作总结。总结这一天完成了哪些工作；哪里做得好，哪里做得不好；不好的地方如何吸取经验教训，进行改进。这样，工作效率自然会提升，也就没有必要假装去工作了。

三、加班不能成为你奋斗的一种形式

领导不走，我不走。这是很多职场人奉为圭臬的金科玉律。“形式”无非就是做给领导看的，下班之后，为了表现自己，只要领导不离开公司，他们就一直坐在电脑前不下班。事实上，领导看的是你的工作结果，而不是你加班的形式，加班不一定代表你能做得更好。

工作金言

职场不是秀场，在“形式主义”中浪费的每一分每一秒，都在将你推向碌碌无为的深渊。

问题思考

实习生小梁认为自己有一个很好的工作习惯，这也是他的第一个职场技能，就是在格子间的玻璃上贴满今日事项，做完一项就打个钩。刚开始，同事们都觉得小梁是个对工作认真负责的好员工，还有同事为了提高工作效率而效仿他的做法。领导看见了，也夸小梁工作态度好，觉得这个方法好，可以推广。

但是几个月后，有同事发现，小梁那些小纸条上的钩都只画了一半。见状，小梁无奈地和同事说：“我每天一上班，就写好今日要完成的工作，并鼓励自己一定要按照这个来，但总是忍不住看看手机和电脑上有趣的新闻。然后等下班前。才发现，今天的任务又完不成了。”

在工作中你用过小梁的方法吗？你是否和他有相同的苦恼？读了本文，你有何感想？

看落实，看结果，不看工作过程

在工作中，有些员工觉得委屈，他们往往辛辛苦苦一场，却得不到肯定，更多的时候还会因为工作效果不佳而受到批评。然而，工作没有达到效果，就说明你的执行力不强、工作落实不到位。如果这一切都做好了，不用那么辛苦，工作就能达到效果。

因此，检验一个人是否高效努力地完成工作，最直接的方式就是看结果。落实好，一定有好的结果，而不好好执行，过程再如何辛苦，都是徒劳的。

小 M 刚刚大学毕业，应聘到一家电台实习。某栏目组长将她安排到一名主持人手下，并吩咐主持人多教教她。

这是一名经验丰富的主持人，小 M 在学校的时候也很关注他，但她总觉得这名主持人负责的栏目一直都是那个样子，没有特色，于是暗自下决心，好好发挥自己的才能，争取做一档创新、有特色的栏目。

有一次，主持人让小 M 准备一期节目的策划文稿，主题是大学生职业规划，届时还会请一位嘉宾参与到节目中来。

小 M 接到任务后做了一个详细的工作计划，她觉得应该先找到这位嘉宾进行沟通，只有沟通好才能将文稿写好；但是等她终于联系上嘉宾的时候，已经过去两天了，第三天她才开始和嘉宾面谈。

三天里，她精疲力尽，一回家就想歇着。距离节目开播只剩下两天了，她收集的资料还没有整理。最后一天，她才勉强将资料整理好，但是要写完估计已经深夜了，于是只好带回家拼命去写。

节目开播那天，嘉宾早早就到了，他看到小 M 来了，便说：“你先把文稿给我看一下吧。”

小 M 将稿子打印好，交给了嘉宾。嘉宾看完，对文稿一点都不满意，还找到了几处语法上的错误。

“这份文稿不行，不能用。”嘉宾把主持人叫来，当着小 M 的面说道。

小 M 感到非常委屈，她辛辛苦苦忙了一个星期，就换来一句“不能用”。

“我查了很多资料加以整理，并与您沟通，昨晚很晚才睡……”小M小声说。

主持人把文稿拿过来，粗略看了一下，也摇了摇头说：“无论你去做的时候多么辛苦，结果不行就是不行。”

听了主持人的话，小M委屈极了，她回到座位上，眼泪止不住地流。

要想很好地完成一项工作，就必须从一开始就认真落实。因为任何一项工作，领导只看结果，完成得好就是执行到位，工作效率高；完成得不好，即使你将过程说得多么辛苦，也只是徒劳。因此，无论从事哪一行，只有良好的业绩才能证明你的执行力。在实际工作中，要认识到以下两点，才能真正提高自己的执行力。

一、执行不是瞎执行

工作中确实会有很多时候不知从何下手。这时，要先捋出一个有效的工作计划，引导自己一步步找到工作的头绪。而不是盲目地去工作，最后导致结果不佳。

二、全心投入

真正的执行不是比谁花的时间多，谁加的班多，而是用心做好每一件事，并在工作中加入自己的思考和想法。这样，才能保证工作有效果，而不是白白辛劳一场。

有人说，没有功劳，也有苦劳。在职场中，没有功劳就等于“白劳”，工作就是看落实，看结果，而不是看工作过程有多么辛苦。所以，要提升共情力，执行到位，为结果而努力。那些共情力高的员工往往都是命令的坚决执行者，他们不会给自己找任何无用的借口，而是会尽自己最大的努力去解决问题，然后以一个完美的结果去复命。

工作金言

没有任何结果的执行，都等于没有执行。

问题思考

某电器公司在给客户安装新音响的时候遇到了一个难题——要在一段长 32 厘米、直径只有 3 厘米、拐 6 道弯的已经嵌在墙体和地面的管道里穿过音响线，这可难住了整个施工队伍。

眼看工期将至，大家还是无法攻克这个难题。为此，经理带着两名高级工程师亲自勘察了管道，他看了看两名工程师，说：“老张，你看看，尽量在一天之内解决这个问题。”

老张说：“拐 6 道弯的管道……这种工程我们以前都没有见过，墙体也不能拆除，这个难度太大，别说一天，就是两天也不敢保证。”

经理听后，转身又对另一名工程师高鑫说道：“小高，你想想办法，尽快完成。”

“好的经理，我尽快完成。”高鑫说。

中午，小高利用午饭时间又去了趟施工现场，苦思冥想，终于，他想到了一个可行的办法。

他先是给在生物医学实验室工作的姐姐打电话，说明情况，借了两只小白鼠，一公一母。紧接着，他将电线绑在小公鼠的腿上，让在场的同事在管道的一头抓着，自己抓着母鼠在另一头，并使它发出“吱吱——”的叫声。然后，让同事将公鼠放进管道，就这样，公鼠循着母鼠的声音沿着管道爬到了另一头，电线也被带了过去。

就这样，问题解决了。

他给经理打电话的时候，经理惊讶地问他是如何利用这么短的时间解决问题的，高鑫笑了笑说：“过程就不说了，总之现在一切都解决了。”

读了高鑫的故事，你有何启发？说说你的想法。

要及时向上级反馈执行情况

任何一项工作都不是一成不变的，有时是目标变化，有时是方向变化等。如果工作中不及时与领导沟通，进行反馈，只埋头自己做自己的，最后极有可能是徒劳无功，重新做。

任丽是一家传媒公司的实习生，她主要负责公众号文章的发布，每次发布前，都要仔细检查文章中的错误。

有一次，编辑写完一篇文章，交给她检查。由于时间紧迫，她在文中发现好几处标点符号可能存在错误，但也拿不定主意，想着先放一放，全部看完再查证。

全部看完之后，领导催着发稿，但是任丽还没有核实那几处有疑问的地方。她想：不管了，或许那些标点符号都用对了，只是我疑心罢了。于是她就急急忙忙地把文章上传了。后来，领导在浏览公司公众号的时候发现了那几处错误。

“我当时也发现了这几项错误，只是后来催得紧没来得及改。”任丽解释道。

“这些问题都要及时告诉我，及时解决，我不知道情况，只能催你。”领导有些生气地说。

案例中，任丽在工作的时候遇到问题，没有及时和同事沟通、向领导汇报，而是想当然，抱有侥幸心理，结果造成工作上的失误。

在职场中，有很多人像上述案例中的任丽一样，遇到问题不是及时与领导沟通，不反馈出来，而是总想着最后再去解决，导致问题越来越大，或者压根儿就忘记了前面那些问题。所以，这种情况下就要及时和领导反映，一来让领导把握自己的执行情况和工作进度；二来领导得知工作中的难题，一定会想办法来帮助你。

其实，即使工作中不出现问题，作为一名员工，也有义务将自己的工作进度及时反馈给领导，让对方知道你的执行情况。这既是对领导交代的工作负责，也便于领导安排接下来的工作。

及时反馈工作进度对于提升自己的执行力有非常重要的督促作用。比如，有一项工作任务需要一周来完成，如果你规定自己每天下班前写工作总结，并发给领导，就会在一整天的工作中积极行动，想办法完成既定的工作量。

相反，就会总想着反正一周后才交任务，先干点儿别的事不影响，这样拖拖拉拉，最后导致工作完不成或完成得不好。

工作金言

快速执行，及时反馈，助你在职场游刃有余。

问题思考

杨静在一家码头运输公司工作。有一次，公司总部的经理赶到杨静所在的城市去和客户洽谈生意，但忘记带名片了。于是经理告诉杨静去复印店给自己临时制作一盒名片。杨静想，只是制作名片而已，不着急，于是慢吞吞地等到快要下班了才去找复印店。正巧距离公司最近的复印店正在装修，而眼看就要到下班时间了，去其他几家比较远的复印店估计也赶不上了，杨静便回到公司，正常下了班。

等到晚上8点多的时候，经理打电话通知杨静把名片送到自己的临时办公室。但杨静却告诉经理，她还没有去复印店。

经理听了非常着急，因为在明天的会议上自己要同客户交换名片，这是最起码的礼节。情急之下，经理急忙打了一辆出租车满大街寻找复印店。

但是由于时间太晚，街上的复印店基本都关门了。不过功夫不负有心人，经理坐着出租车转了几条街后，终于找到了一家还未关门的复印店。

经理从复印店出来后已是深夜，他强压怒火批评了杨静。杨静听了后觉得很委屈，她觉得经理并没有说他着急要用，如果经理交代着急要用，她会马上去做的。后来经理虽然没有再批评她，但是从那以后再也没有吩咐她帮自己做事了。

如果你是杨静，你会怎么做？如果你是经理，你在得知杨静并没有完成你布置的任务时，你心中是何感想？

共情力加油站：让执行更到位

在职场中，没有执行力，走到哪里都是处于最基层的岗位，如果因执行不到位影响到团队或公司的业绩，更会有被淘汰的可能。而执行并不是按计划做事情，或按部就班。执行有两个方面的含义：首先明确目标去做，其次有创造性。当遇到执行偏差时，共情力高的员工会做出判断，知道该做什么，以及做了以后带来的影响。他们不仅仅是服从，而是判断公司随时会面临的风险。增强执行力需要注意以下几个方面。

一、从工作本身去理解工作

当然，影响个人执行力的因素有许多，其中一个致命的因素就是员工对待工作的态度。一个没有良好工作态度的员工，工作一定乱作一团，如果不重视这一问题，势必影响到个人的职业发展。索尼创始人盛田昭夫认为："从外部看待问题是有局限的，只有从内部观察才能看透事物的本质。"

有的工作表面上看十分无味，只有当自己身临其境、努力去做时，才能体会其中的乐趣与意义。所以，无论自己是什么样的人，都要发挥共情力，从工作本身去理解自己的工作，把工作看成自己人生的权利与荣耀，这将是自己保持个性独立的唯一方法。

《哈佛商业评论》则认为，行为本身说明不了它工作自身的性质，而是由员工在行动时的精神状态来决定；工作单不单调，也由员工在工作时的心境来决定。

二、注意每一个细节

可靠的战略需要合理的实施。如果不能得以执行，即使是最好的点子也毫无意义。因此细节——尽管它们经常令人生厌——却有可能决定最好的行动方案。

杰克·韦尔奇非常强调注意每一个细节的重要性，他说，制定一项明确的任务，然后坚定地努力实现目标。但是他也强调，在你采取行动前必须掌握细节。这样做有很多理由：首先，细节肯定会改变你对各种选择方案的看法；其次，一旦你做出了选择，掌握细节能使你在行动中表现得更出色，而且能够增强本单位的凝聚力；此外，同样重要的是，掌握细节还有助于增强领导者的信心。

如果你要在大事上表现出众，就要在小事上养成好的习惯。最终，很有可能正是对小事的关注才帮助你赢得了一场关键性的胜利。因此，不要与小事脱节——特别是在你步步高升的时候，员工必须去执行领导下达的命令，哪怕这个命令是不很合理的。

瑞伯特先生曾提出过这样严厉的警告：“假如人们只追求政府职位与高薪水，那就是这个民族的独立精神已经枯竭的危险信号。如果一个国家的国民只是竭尽全力追求这些职位，这个民族将会迈向奴隶一般的生活。”

也就是说，如果认为自己的工作与自己无关，那么你永远不会在职场出人头地，在事业上获得成功。

执行力是检验一个员工是否合格的最直接的方法。共情力低的员工不能理解工作的重要性，不及时去做，而是拖拖拉拉，最后只能眼看着工作完不成。更重要的是，你拖延的不仅仅是工作，更拖累你的能力，得不到有效施展，甚至是停滞不前。

让“立刻去做”成为一种良好的工作习惯，才能不断在工作中完善自己，走向成功。

第 7 章

共情协作，实现 1+1 ＞ 2 的工作效果

团队协作是每一个企业都要面对的事情，员工之间是否能够很好地协作，关系到整个企业的运营成败，也最终影响到每一位员工的业绩和成就。

为此，作为员工，要充分发挥共情力，让同事之间多一些宽容和理解，多一份鼓励和感谢，多考虑团队的方方面面。这样，工作起来才更加轻松愉快，得心应手，达到 1+1 ＞ 2 的工作效果。

华为的团队协作，值得学习

说到团队协作，我们首先就会想到华为。华为从一家名不见经传的民营企业到一家排名前一百名的世界五百强企业，这不是只靠任正非一个人所能做到的，而是华为十几万名员工团结协作、共同努力的结果。所以，华为员工们的团结协作精神，值得每一位职场人士去学习、去借鉴。

说到华为，人们往往会想到狼性，这个“狼性”其中就包括一项狼性团队精神。在接待客户的时候，华为的团队精神发挥得淋漓尽致。参观公司、参观样板店、现场会、技术交流、管理和经营研究等一整套服务下来，几乎所有的部门都要参与进来。在华为，团队精神体现为“忠诚、勇敢、团结、服从”。其中，团结合作是最为重要的精神。曾经有一家国际知名的日本电子企业领袖在参观华为后大为震惊，说华为的接待水平是世界一流的。

2002 年，华为派出喻建华和另外三名员工去往俄罗斯开展一项艰巨的任务：要在两个月的时间内开通华为在莫斯科的第一个 3G 海外实验局。因为之前有家运营商在这方面栽过跟头，所以莫斯科的这家运营商迟迟犹豫着要不要跟华为合作。

这里没有核心机房，建立实验局的物料滞留在海关，运营商又不同意华为使用他们的内部传输。这是华为第二次组织技术人员去莫斯科了。

就在运营商摇摆不定时，机会来了，国际电信联盟和 GSM（全球移动通信系统）协会在莫斯科举办了一个研讨会，华为可以利用这次机会进行展示，但只有三天的时间。

华为几名员工迅速建立好基站，安装好软件，但控制器与基站怎么也接不通，数据业务也有问题，视频点播速率也太慢。

时间就剩一天了，大家非常着急。最后，他们在机房架起会议电视，通过宽带接到互联网，一直连接到上海开放实验室；与此同时，拨通长途电话，与总部取得联系。三个地方的技术人员用电话与互联网进行沟通，共同商量对策。

经过一整夜的调试，故障终于排除了。

第二天，在运营商的带领下，相关人员在测试车上，看到了莫斯科的街景；还在手机上，一眨眼的工夫就下载了一段视频，在场的俄罗斯人都感到非常惊讶。

这就是华为高效的团队合作，即使是不在一起，各方的同事都能快速建立联系，共同攻克难关。任何一个企业的发展都离不开群体的力量，华为也是一样的，群策群力，攻克难关，破浪前进。华为的“狼团队”之所以能够所向披靡，正是由于这样一种强大的团队合作精神。

任正非曾有一个著名的论断：“当今世界科技进步已经走过了爱迪生时代，不可能依靠一个人的聪明才智改变世界。所以除了在公司实行全员持股制以外，公司始终致力于营造集体奋斗的企业文化。没有责任心，不善于合作，不能群体奋斗的人，等于丧失了在华为的机会。”

在工作中，如果员工不懂协作，就会影响到整个团队的工作成果。不能很好地融入一个团队中，必将产生一系列的问题，具体表现为：与同事的交流少，将对同事不了解，无法融入集体，工作情绪不高、状态不好、效率下降，最终自己将自己从一个团队中剥离，百害而无一益。所以，每个人都要很好地定位自己，端正好态度融入集体，学会团队合作。无论你是"职场菜鸟"还是资深管理人，对你而言，融入团队与团队合作是至关重要的。

一滴水不想干涸就只能投入大海，一粒沙不想被吹散就只能跻身沙滩，而一个人也只有融入团队才能获得更好的发展。一名优秀的工作人员必定懂得，要想取得辉煌的成就，就要把自己融入团队，在与团队的精诚合作中成就自己，实现双赢。

工作金言

在职场，没有完美的个人，只有完美的团队。

问题思考

国内一家大型电子产品销售公司招聘销售精英，经过 3 天的筛选，人力资源部门的负责人从 300 多名应聘者中选出了 16 名优秀的应聘者。

进入复试阶段时，负责人告诉这 16 名应聘者，说此次招聘仅有 4 个名额，成绩最优异的 4 名应聘者将会成为公司的正式员工。复试开始后，负责人把这 16 个人随机分成了 A、B、C、D 4 个组。指定 A 组的 4 个人去调查厨具市场；B 组的 4 个人去调查汽车装饰品市场；C 组的 4 个人去调查办公室用品市场；D 组的 4 个人去调查婴儿奶粉市场。

负责人对他们说："你们应聘的都是市场销售精英的职位，这个职位主要是负责市场开发和产品销售的，所以，你们要具备对市场的敏锐观察力和对一份新工作的适应能力。现在，你们到办公室主任那里去领取相关的调查资料表，然后就可以出发了。”

两天之后，这 16 个人把自己的市场分析报告送到了负责人那里，负责人一一看完之后，对 B 组的四位成员说：“恭喜你们，你们 B 组被本公司录取了。”

其他三个组的成员对此提出了异议，负责人解释说：“因为在你们这 4 个组中，只有 B 组的 4 个人互相借用了各自的资料，补全了自己的分析报告，这正是我们公司需要的人才——具有团队合作意识的人才。要知道，团队精神才是现代企业成功的保障。”

读完上述故事，你有什么感想吗？你如何理解负责人最后说的话呢？

多为同事考虑，团队协作更具效率

在工作中我们接触最多的人就是同事了。与同事相处的好坏，能够直接影响到工作合作顺利不顺利。如果同事之间能够友好相处，那么整个团队在工作中就能更好地合作，工作效率也就会更高。

王力是一家公司的销售部经理，他性格耿直，与同事们也相处得一般。有一次，公司由于货物积压，想要趁着快要年底了，进行一次促销活动。王力接到任务后紧急安排，但是人手显然不够。

于是他急匆匆地找到招聘主管老梁说：“老梁，我们部门人手不够，你得帮我们招一些促销员，得尽快啊，很着急。”说完，他就准备走。

“哎哎哎……”老梁叫住了他，“那你填一份申请吧，我这里有流程的。”老梁一边说一边想：平时也不搭话，凭什么听你的，有事就知道找我了。

王力无奈，只好让手下员工填了一份申请交给老梁，并再一次叮嘱要尽快。但是老梁慢慢吞吞地发布招聘信息、筛选简历、邀约面试……整个流程下来，王力那边的活动都开始了，人员却还没有配齐。

王力不得不去请办公室文员帮忙，三名文员也是推的推，挡的挡，根本没有人愿意帮他。

最后，由于促销活动人手不够，结果不是很理想，没有达到预期的效果。王力私底下一直抱怨是招聘部招人速度太慢了，这是导致活动不成功的主要原因。

老板得知后，将老梁骂了一顿，老梁从此对王力怀恨在心。

案例中，王力由于平时和同事之间相处得一般，导致需要同事帮忙的时候，大家都推托不肯帮助他，结果影响了工作，这就是共情力低下的结果。如果平时能够多为同事考虑，处理好关系，就不会在需要别人帮忙的时候成为孤家寡人。

人是群居动物，一个人无论走到哪里，做什么事情，都要与身边的人相互合作。所以，为了自己能够更加容易地融入团队，使同事更愿意与自己合作，更好地完成自己的工作，必须要记住一条：多站在同事角度思考，多为同事着想。

与人相处，彼此感受舒服最妙，同事之间也是如此。你考虑别人利益，信任度自然就会加深，合作起来会更加默契、高效。

多为同事考虑，就是不能太自我。如果在工作中太过自我，就很容易被孤立。可能你能力出众、学历很高，但对于身边的同事而言，你却成了异类。

如果一个同事不愿与你合作，可能是这个人的问题，那如果是所有同事都不喜欢与你在一起工作，那就是你自身存在问题了。所以，为他人考虑，能够使自己更快地融入集体，工作起来也会更加得心应手。

你不为他人考虑，同样别人也不会为你考虑，在工作中更难得到同事的帮助。所以，处理与同事之间的关系，必须要秉持着多为同事考虑的心态。比如，你工作完成了，你要考虑下一位同事接着你的工作，他能不能立马上手，他还能不能有充足的时间完成他那部分的工作，是不是还需要你帮帮忙等等。只有主动为别人考虑，才能赢得大家的尊重和喜爱。

工作金言

同事之间的良好关系是团队协作的基础，自私的人很难融入团队，更不会在工作中实现 1+1>2 的效果。

问题思考

徐玲是一名医疗代表，常常辗转全国各地的大医院，为医生们讲解医疗仪器的使用，一个月大概只有一两天的时间回公司。最让她头疼的不是来回出差，而是每次回公司去报销那些杂乱无章的单据。

每次报销，她都没好心情，负责财务的同事也没好脸色，有好几次都不欢而散，报销的费用每次都是最晚到手。有一次，她和同样在全国各地跑业务的同事王俊吐槽这件事：“那个财务真是事多，都给她了还想怎么样，你不觉得她很烦人吗？我最讨厌报销了。”

“还好吧，那姑娘还不错啊！”王俊惊讶地说道。

“你每次都怎么和她说？”徐玲忍不住问道。

王俊看了看徐玲手上大大小小、杂乱无章的单据，说：“我有一个专门装那些单据的小包，很小，吃饭、住宿、打车出行以及来回车票都分开放。这样不会乱，我每次给她的时候，自己心里有数，她也一目了然。同事之间，多为对方考虑一下，自然好说话。”

徐玲听后，觉得很有道理，自己开的发票，自己整理会更加容易一些，举手之劳，同事却能省很多事，何乐而不为呢？

你在工作中遇到过类似的事情吗？你是否认同王俊的方法？

团队协作中要多说“谢谢”

“谢谢”是人际交往中最常用的礼貌用语。“谢谢”虽是简单的两个字，却能使对方心里更舒服，也彰显了自己的高情商和内在修养。尤其是在工作中，一句“谢谢”就能给彼此留下一个良好的印象，拉近彼此之间的关系，这也更利于团队之间的协作。

小 W 想转行到保险行业，于是进入一家保险公司。最开始的时候，他只在公司里参加晨会，然后和同组的成员一起学习业务。

与他同时期进入公司的还有好几个新员工，但是一个星期过去了，小 W 看着其他几名新员工都已经能和老员工说说笑笑了，他却还是常常插不上嘴。开始时也有老员工过来与他说话，但是他不善言辞，问一句说一句。助理分发文件的时候，其他员工总是左一个“谢谢”，又一个“谢谢”，而小 W 只是默默地接过文件，一句话也不说。

又过了一个星期，小组开始讨论去场外寻找客户，小 W 跟在后面，勉强待了一天，便主动离职了。

小 W 在新的工作中，不重视、也不善于处理与同事之间的关系，自己难以融入整个团队中去，最后主动离职了。

可见，在职场上，尤其是步入一个新的行业，必须重视团队协作，与同事建立起良好的关系，这样不仅有利于工作的开展，更关乎你自己的职业生涯。而说一声“谢谢”是最简单的，也是最好的与同事建立关系的方式。

“谢谢”，虽然听起来是客气，但是能够迅速让对方放下自己的心理防线，拉近彼此的关系。而且当同事给了你帮助后，说一声“谢谢”，会让对方觉得你很有礼貌，也会认为你是一个会做事的人。

试想，如果你同时给予两名同事帮助后，一名说对你表示感谢，另一名却什么也说，那你是不是会有不同的感觉，是不是会对说“谢谢”那一名同事心生好感，更愿意与他交往，也更愿意再次为他提供帮助呢？

再者，简单的一声“谢谢”也能显示你是一个有教养的人，处处能够体现出对他人的尊重。而尊重是同事间建立关系的基础，有了尊重，合作起来才更加和谐、畅快。

总之，不要小看“谢谢”，它会让你更快地融入团队之中，更好地与同事相处，使工作更加愉快，团队协作更加美好。

工作金言

“谢谢”是团队协作中最好的口头禅。

问题思考

辰欣在家里焦急地等待电话，距离上次去一家公司面试已经过去三天了，她既没有收到录用通知，也没有收到不录用的通知。这时，和她一起去面试的同学说：“我到现在也没有收到通知，估计咱们都没戏了。”

但辰欣想：万一是对方忘了，岂不是错过机会了吗？

于是，她打算问一下，就给对方发了一份邮件。她在邮件中写道：“首先感谢贵公司给我提供这样一次面试的机会……希望能够得到进一步通知。”

第二天，辰欣就接到了人力资源部的电话，她被录用了，并收到了对方的回信：“你是同批面试者中唯一一个写了感谢信的人，我们本来在你们几个之间徘徊，但是我相信，一个常说‘谢谢’的人能够更好地融入这个集体中来。”

你如何理解人力资源部回信中的内容？如果你是故事中的主人公，你会怎样做呢？

多竖大拇指，给予对方鼓励

竖起大拇指，代表着对别人的肯定、鼓励、安慰和欣赏。在团队合作中，多竖大拇指能够给同事带去自信，同事之间也会多一些欢笑与快乐。

共情力高的员工，能在工作中体会到同事在面对困难和失败时的心情，所以常常会竖起大拇指，给同事鼓励。因为这样能够使对方更好地完成工作，自己也更容易接手后面的工作，进而促进团队协作更加顺利。

王姐是做软件测试的，在某公司工作了四年之久。测试工作平时相对轻松，只是项目上线的时候，比较忙。随着公司规模扩大，人力资源部又招了一名测试人员。

新来的员工小莹刚刚大学毕业，她一连几个星期都在熟悉测试工作的流程，但是到了项目上线要测试的时候，她却眉头紧蹙，不知如何下手。

小莹四下看了看，大家都在忙自己的工作，她该问的之前也都问过了，实在不好意思张口。就在这时，王姐走了过来，说道："你先把软件打开，我告诉你怎么操作。"

小莹笑着对王姐说了声"谢谢"，在王姐的指导下测试了一个功能，王姐看着她测试完，给她竖起了大拇指，赞赏地说道："操作很流畅嘛，下次把步骤记熟就好了。我给你发一个模板，我看过你的简历，写测试报告一定没有问题的。"

"嗯，太谢谢您了王姐。"小莹激动地说。

下午，小莹信心满满、认认真真地写完了测试报告。

后来，她们渐渐熟悉了，小莹发现，王姐对每一位新来的员工都很热心，常常鼓励她们，同事们也都很喜欢她。

后来，公司要新选出一位测试组长，小莹和另外几名员工都联名举荐王姐。那一次，王姐成功晋升。没有测试任务的时候，王姐会组织测试人员学习新的测试方法。有测试任务的时候，她会对每个人的测试任务进行指导，鼓励对方越做越好。公司领导不止一次表扬测试组。

每一个人都希望能遇到像案例中王姐那样的同事，尤其是职场小白。案例中，王姐的竖大拇指，让小莹信心倍增，也让小莹感受到了同事之间的关怀，帮助小莹快速地融入了团队。也正因为王姐常常以鼓励的方式爱护新人，所以得到了团队成员的举荐，获得了晋升。

每个人都渴望获得鼓励，在很多情况下，你竖起的大拇指，就是同事工作的动力。

当同事正在努力做一件事情，或接受一个新任务，一句"你会做好的，你能行的"就是对同事最好的帮助，也能够促进同事之间的友好相处，精诚合作。

一个常常为别人竖起大拇指的人，一露面、一开口就让人感到高兴，因为他传递的是正能量。不喜欢鼓励、只会消极打击别人的人，在同事眼里一定是一个不受欢迎的人，久而久之，同事都会远离他。这样的人，无论人缘运，还是贵人运都会很差的。

那么，在工作中，我们要在哪些关键的时刻，竖起大拇指，给同事带去鼓励，促进团队协作呢？

一、当同事遇到困难的时候

工作有时候会很烦杂，也难免会遇到困难。当我们发现同事遇到困难的时候，不能事不关己高高挂起，而是要及时给予帮助，竖起大拇指，给他们信心，助他们尽早克服困难，迎接胜利。自己也因此会有一个好的心情，工作合作起来更加通畅。

二、当同事失去信心的时候

有时候，面对庞杂的工作任务，有些员工会望而却步，生怕出现错误而不敢去面对工作，这时，我们要运用共情力，与对方一起梳理工作，帮助对方树立信心；为对方竖起大拇指，让对方感受到来自我们的鼓励，这也更能促进团队之间的和谐相处，实现 1+1>2 的工作效率。

三、当同事遭遇失败的时候

在工作中偶尔会有同事因工作遭遇失败，或难以推进而闷闷不乐，丧失信心，这无疑会影响到整个团队的工作进程和绩效，不利于团队接下来的合作。这时候，作为同事，我们要及时安慰对方，竖起大拇指，肯定其工作中的成绩，总结不足，帮助对方重树信心，走出失落的情绪，重新投入工作中。

工作金言

多竖大拇指，鼓励同事，也是帮助自己。

小可是一家贸易公司里的业务员，她有一句口头禅，一见到同事埋头写材料，或出去拜访客户就会来一句：“你们这么努力有什么用呢？”

有时候看到同事拼命地工作，她还会冷嘲热讽一下。有一次公司要提拔一位业务主管，小可以为会是自己，没想到却是一位比她晚到公司半年的同事，她心里很不服气，又很无奈。

此后，她有意无意就突显一下自己的工作成绩，觉得公司对她不公平。对新人她更是从不放在眼里。有一次，一位新员工请教她一个问题，她直截了当地说：“这都不会，你还是别干了。”说得这位新员工躲在卫生间了哭了好一会儿。

于是，同事们都避着她，生怕她过来打击一番。久而久之，她成了公司里的孤家寡人。几年后，她依然是一名普通的职员，原地踏步。

你遇到过小可这样的同事吗？你愿意竖起大拇指，多给身边同事一些鼓励吗？结合本文，谈谈你的想法。

宽容一点，不要斤斤计较

在现实中，我们身边的同事可能是来自五湖四海，由于地域文化、生活背景、受教育程度等各方面都存在差异，所以，在同一个问题上，可能会产生很多种不同的认识和看法。

因此，在和同事相处的时候，必须要站在这些差异之上，不能以自己的标准来衡量别人的想法，而是以宽容之心去对待，求同存异。这样，才能营造一个愉快的工作氛围，工作也才能够更加顺利地进行。

小美和菲菲是某英语培训机构的课程顾问，日常工作除了每周固定的场外推销，就是接待客户，维护与潜在客户的关系。

在这家培训机构，员工的收入除了基本工资，业务提成是重点的收入来源，所以每个课程顾问非常看重自己的潜在客户。

有一次，一位客户慕名前来公司咨询，正巧是她们俩值班。小美先来招呼客户，然后转身对菲菲说："菲菲，拿一份资料来。"菲菲拿着资料走了过来，开始给客户介绍。最终，这位客户当场签下了两年的课程。这也意味着有一大笔提成可以拿到。对于课程顾问而言，他们工资的高低，完全要看提成。

下班前，同事们都从场外回来，小美赶紧到处说自己上午签了一个大单子。

对于小美的行为，菲菲只是笑了笑，并没有多说。有同事问菲菲："真是那样吗？那提成可都是她的了。"菲菲说："嗯，确实是小美先去接待客户的，只是后来让我拿下资料，我也就介绍了几句，客户觉得我们好就行了，其他的没有关系。"

同事们听说后，都非常欣赏菲菲的态度，后来小美得到了那笔提成。半年后，主管调了其他岗位，要提拔一名课程顾问，对于主管的提名，菲菲全票通过，成了新主管。

案例中，小美与菲菲共同接待了一位客户，小美到处说是自己的功劳，提成是自己的，而菲菲却宽容大度，不与她斤斤计较，也因此获得了同事们的认可，并在后来的主管竞选中全票通过。

在职场，要做到宽容，必须认识到以下两点：

一、不公平处处存在

任何人都不能说自己一辈子都没有吃过亏，职场上也是一样，有时候再严格的规章制度都无法做到绝对公平。

在难以保证公平的情况下，如果每个人都只考虑自己的利益，处处斤斤计较，那势必会影响同事之间的相互协作。处处计较的人可能会得到一时的利益，却会失去同事们的信任，甚至最后可能成为孤家寡人。

二、正确看待同事之间的关系

很多人将同事看作是竞争对象，所以处处针对，事事计较。这样，不仅不能营造一个愉快的工作氛围，更影响到整个团队之间的协作。其实同事之间更多是合作的关系，彼此宽容、和睦相处，才能营造一个积极健康的职场氛围，促进工作顺利完成，获得集体荣誉和利益。

任何领导也都不会喜欢一个处处计较得失的手下。因此，在工作中要提高共情力，站在同事和团队的立场去考虑，不要去斤斤计较。

工作金言

在职场中，宽容待人方能走得长远，斤斤计较只能在原地的利益得失中徘徊。

问题思考

十年前，克拉克和德林同时在一家很大的杂货店工作。那时，杂货店的老板已经年迈，又没有儿女，就许诺由克拉克和德林继承这家店。

几年之后，老板去世，克拉克和德林便顺利继承了这家杂货店。一天，克拉克收了客户的一美元钱，没有锁收银机就出门去了。

克拉克回来后，发现收银机里面的一美元不见了，便问："德林，我出门的时候在收银机里放了一美元，那是我们今天的第一位客户给的，你看见它去哪儿了吗？"

"没有，克拉克，我从未见过它。"德林一边走过来一边说。

克拉克越想越觉得是德林拿走一美元不承认，于是他们争执不休，大闹一场。德林觉得他们实在没有再合作下去的必要了，于是提议将杂货店一分为二，各干各的。

从此，克拉克继续经营着只剩下一半的杂货店，德林在另一半里开了一家水果店，二人井水不犯河水。

十年后，有一个人来到了克拉克的杂货店，十分抱歉地说："多年前，我饥寒交迫，经过这里时，看见您店里的收银机没有上锁，也没有人看着，便悄悄拿走了里面仅有的一美元。这些年我一直觉得良心不安，总想着把这一美元还回来。"说着，便拿出一美元交给了克拉克。

克拉克听后，又惊又喜，更为十年前自己的冲动感到抱歉，他说："麻烦你到隔壁的水果店，将刚才说的话对那里的老板重新说一遍吧。"

德林在听那人说时，看到克拉克走了过来，一边泪流满面，一边说着抱歉的话，两位老朋友终于又重归于好。

仅仅是因为一美元，就造成了这样严重的后果。如果当初两人都能宽容一些，就不会发生这样的事了。

读了上述故事,你有何感想？如果你是克拉克,你会对一美元斤斤计较吗？

积极分享，做一个合格的搭档

在工作中，共情力高的员工懂得分享，经常能够积极地把自己的工作经验和心得说给同事听，给同事提供帮助，做同事的好搭档。因为他们明白，团队需要相互协作，同事的进步和成长最终对自己也是有益的。如果敝帚自珍，把同事当作竞争对手，什么也不愿意给同事分享，生怕同事比自己优秀，比自己获得更多的利益。那么，最终会导致双方受损，团队受害，工作任务无法很好地完成。

小 H 是一家培训机构里的培训老师，他们团队有八个人，工作内容就是讲课、写课件，偶尔带学生去参加各种比赛。有一次，小 H 要带一名学员去参加市里组织的比赛，一连好几天都在想比赛课件怎么写。

有一天，几位老师围在一起给小 H 出谋划策。有一位老师说道：“上次小 K 说自己也带学生参加过这样的比赛，得了第三名，要不你去问问她，看看她的课件是怎么写的？”

这时，小 K 正巧上完课回到办公室，小 H 想都没想便问道：“唉，小 K，上次你参加比赛的课件借我看看，我取取经。”

小 K 脸一红，支支吾吾地说：“早就不知道让我扔到哪里去了，你自己写吧。”

“我只是借鉴一下，不会抄你的，用得着这么小气嘛！”小 H 看小 K 明显是不想借给自己，情急之下说道。

办公室里的氛围一下子尴尬起来，小 K 又回道：“小气怎么了，抄别人的算什么好汉。”

小 H 还想还嘴，被同事推了出去。

此后，两人见面都是绕着走，有工作要交流的时候也让其他同事传话。有几名同事也都不再愿意与小 K 说话，他们在一起说说笑笑的时候，小 K 都插不进去话。

当小 H 需要帮助的时候，同事小 K 却不愿意分享自己的经验，同事们看到她是个不愿意分享的人，都认定她小气、自私，所以有意无意地排挤她。小 H 的这种行为就是缺乏共情力的表现，最终给自己的工作造成障碍。

在工作中积极分享，并不意味着你会失去是什么，相反，你会获得的更多，因为在你积极分享时，同事也会乐于与你分享，帮助你。就像两个人每人有一个想法，相互分享之后，每个人就都会拥有两个想法，这是一样的道理。只有和同事之间共情协作，友好相处，工作才能更加顺畅，才能将自己的本职工作做好。

积极分享是工作中最直接的学习机会、最有效的学习过程，每个人都能借着与同事分享的机会，丰富自己的经验，有的时候还能从中得到启发，扩大自己原有的心得。那么，如何才能积极分享，成为或收获工作中一个合格的搭档呢？

首先，在工作中还要养成不懂就要问的习惯。有问题积极提出来，才能获得别人的建议和经验，问题才能得到有效解决。所以分享心得和经验的基础是分享问题，没有问题，分享也就无从谈起。

其次，要时刻保持学习的心态。三人行必有我师，任何人都可能会有我们能够借鉴和学习的经验。成功的人之所以成功，正是由于他们勤奋好学，积极听取别人的建议或意见，并运用到自己的工作中。

只有每个人都保持一种积极分享的心态，做其他同事合格的搭档，才能打造一个无坚不摧的团队，共同实现卓越的工作效果，每个人也才能在这个团队里获得成长。

工作金言

分享，不会失去任何东西，反而会让你获得更多。

问题思考

小仝在某金融公司卖金融产品。开始时，他工作比较积极，但由于时常需要出去跑业务，偶尔会利用拜访客户的时间办自己的私事，以至于后来他经常犯懒，上午跑业务，中午回家吃完饭，下午就不想去了。而且他的工作也常常遇到困难，面对各种各样的客户，他大多时候都毫无头绪。几个月下来，业绩毫无进展，他逐渐萌生了辞职的想法。

不久，公司里来了一位新员工，小仝一聊，发现他们是老乡。这位老乡原来的工作也是卖金融产品的，并积累了很多丰富的经验。

由于是老乡，他们常常结伴一起跑业务，中午吃饭时，小仝便将自己的客户资源分享给了老乡，老乡也将自己之前的工作心得分享给小仝。他们一起研究客户，慢慢地，他们成了一个组合，一起开发客户，分工合作，提成平分。

几个月后，小仝的业绩明显提升了不少，老乡也顺利度过了试用期，他非常感谢同事的帮助。

在一次晨会中，小仝激动地分享自己的工作心得，他说："一个人跑业务的时候，会很枯燥，有时还会产生懈怠心理，但是两个人就不一样了。几个月来，我和 ×× 一起研究客户，他将之前的工作经验和心得毫无保留地分享给我，我也把客户资源介绍给他，我们相互监督，默契配合，才有了今天的业绩。"

你如何理解小仝最后说的话？在工作中你会积极分享自己的工作经验和心得吗？

共情力加油站：在团队中完善自己，欣赏别人

作为企业一分子的员工，如果不能融入这个团队中去，总是喜欢独来独往，唯我独尊，不懂得培养与团队成员之间的感情，不懂得多同他们分享你对工作的看法，不懂得和每一位团队成员保持良好的关系，和他们精诚合作，那么你很快就会被孤立起来，最终被团队所抛弃。

任何一个工作效率高的团队都有一群共情力高的员工，他们往往能够很好地融入团队之中，在工作过程中也能够做到欣赏别人，并不断完善自己。

团队合作的核心是精诚团结，这就需要员工和团队能够齐心协力，真诚合作。那么，员工如何做才能赢得团队成员的支持，才能让团队成员愿意和自己精诚合作呢？

一、从完善自己做起

有的人与同事的关系不好，多是因为过于计较自己的利益，甚至是锱铢必较，久了难免会引起同事的反感。所以完善自己，首先要让自己成为一个心胸开阔、不斤斤计较的人。

如果能够经常与同事聊天，并一起参加社会活动，平时注意虚心学习别人的长处，不以自我为中心，那么别人就会觉得这个人很友善，平易近人，愿意与之交往。

二、有效地利用求教

不管你的学历有多高，都要有一种从零做起的心态。尊重同事，无论对方年龄大小，只要比你先来公司，你都要虚心请教，埋头学习和苦干。共情力高的员工能做到尊重同事，虚心求教。尤其对年轻人而言，刚到公司，所有的工作对你来说都是陌生的，因此，应多向同事求教。

三、不打击别人的信心

公司举行员工联欢会，有位员工因工作出错而受到老板的严厉批评，他很沮丧，情绪也很低落。于是，大家都避免谈论这个敏感话题。可是有位销售员因本月业绩突出，受到了嘉奖，心情很舒畅，在酒桌上忍不住就开始谈他的赚钱本领和花钱功夫，那种得意的神情让所有的员工看了都有些不舒服。那位失意的员工低头不语，脸色非常难看，一会儿去上厕所，一会儿去洗脸，后来还提早离开了。

在一个团队中，任何人有高兴的时候，也有难过的时候，不在他人难过的时候张扬自己的开心是一个人基本素养，也是共情力高的表现。

四、尊重差异

尊重差异，才能创造整体和谐的团队。不同性质和不同岗位的人担当的角色是不一样的，但是他们都有各自的作用。所以，作为团队中的一员，只有尊重团队中成员之间的差异，才能使团队整体显得和谐有序，才能使团队凝聚出一种强大的力量。

正如管理大师汤姆·彼得斯曾说过，一个成功的企业一定有一支和谐的团队，企业的成功是凝聚在团队基础上的集体行为。同时，一个和谐的团队也有助于团队中个人的成长。共情力高的员工能够认识到这一点，并很好地去践行，他们不仅能赢得团队的尊重，实现很好的工作效果，更能不断为自己的职业之路打下基石。

第 8 章

学会共情，懂得感恩，且行且珍惜

工作占据了我们人生的大部分时间，如果只把工作当作满足物质需求的工具，那人生大部分时间都不会快乐，也没有意义。所以，在工作中把困难看作成长的机会，在繁忙中寻找工作的乐趣，心怀感恩，珍惜自己走过的每一段工作之旅，职场之路会更加丰满、人生也会更加有意义。

心怀感恩，更容易快乐工作

我们身边有很多人，一说起工作就停不下来，仔细一听，全都是抱怨，工作任务繁重、同事之间相处不愉快、客户事情太多、领导总喜欢高高在上责骂批评……全都是负能量，恨不得立刻离开公司那个是非之地，而又不得不为了工资去上班、去加班。这样的生活是杂乱无章的，人生也是毫无意义的。

之所以如此，正是由于在工作中，缺乏一颗感恩之心。常怀感恩之心的人肯定不会有这样的烦恼，因为他们会将繁重的工作任务看作施展自己才华的机会，与同事之间友好相处更能展示自己的人格魅力，而每一个奇葩的客户都是对自己能力的锻炼……

常怀感恩之心，工作就不仅仅是工作，工作也不再是单纯的辛苦，而是完成一件事的成就感和工作过程中的快乐。

如果我们能怀着感恩的心去看待工作，那么我们自然会对工作心存感激，那些抱怨、不满自然就会消失，取而代之的是如何努力地工作，如何把工作做得更加出色。

可以说，懂得感恩是一名员工的优秀品质，学会感恩则是一名员工做好工作的精神动力。

工作金言

心怀感恩，工作才会更愉快，事业才能有高度。

问题思考

常阿姨在家做了十几年的家庭主妇，十几年里，每天就是送孩子上学、买菜做饭、洗衣服。现在孩子上了高中，她就想开始工作。

不久，朋友托关系给她找到一份工作。她到了那里才发现，老板只是碍于朋友的面子才给她提供了这样一份工作。老板也并不看好她，只让她做后勤工作，擦擦桌子扫扫地什么的。

由于有了十几年在家洗洗涮涮的经验，常阿姨干活非常利索。她非常感谢老板给她提供工作的机会。

几个月后，常阿姨的工作已经得心应手了，公司里的员工很喜欢这个整天笑呵呵的阿姨。她没事干的时候，还学习打印机怎么用，常常帮需要打印的员工守着打印机，慢慢地还学会了硒鼓怎么换。

老板看着常阿姨干得好，也慢慢转变了对她的看法，年底，为了留住常阿姨，还给她加了薪。

看了常阿姨的故事，你有何感想，如果你是常阿姨，你会怎么做？

感谢工作中的困难，它们让你成长

每个人的成功与辉煌都不是与生俱来的，那些职场精英人士无一不是在工作中经历了千锤百炼。从职场小白到职场达人，每一条成功的路都会困难重重，我们只有勇敢应对、坚持不懈，才能赢得最后的成功。所以，遇到困难，不要回避、更不要退缩，因为它最终会使你成长，是你走向成功的垫脚石。

小然大学毕业后，面试了好几家公司，终于成了一名网站编辑。那时她工资很低，真正工作起来什么都不会，虽然有位老编辑带她，但她觉得也不能什么都问。第一个月，她每天一上班就如坐针毡，十分煎熬，有时候为了发布一篇文章，她会“百度”无数次，最后还得请教同事。

第二个月，她有点打退堂鼓了，直到独自完成了一次任务后，她才稍微有了点信心。回头想想这一个月，虽然工作很艰难，但也学到了不少东西，于是她咬咬牙，继续坚持。

顺利度过了试用期之后，她发现自己越来越需要不断学习。刚开始，她碰到热心的同事就请教，有时候还专门找笔记本记下来。同事们看她很努力，也喜欢教她。后来，她越来越不满足向同事请教，同事也有不会的时候，于是，她便开始上网找课程。虽然上班还是忙得焦头烂额，但她还是一刻不停地利用下班时间学习。

半年后，小然终于游刃有余了，工作也轻松了不少，她常常感慨道："如果当初我不正确对待工作中的困难，估计连试用期都过不了就被辞退了。"

后来，她开始自己写文章、想文案，遇到困难的时候，总想着像当初那样坚持。又过了一年，小然已经成为网站的副总编辑。

案例中，小然正确应对工作中遇到的困难，认识到正是这些困难让她一步步成长，并树立了正确的职场观念，所以，她才能够在职场披荆斩棘，越来越成功。

任何成功的人，他们所拥有的财富不是他们的成功，而是曾经经历过的那些困难，是这些困难让他们知道如何做才是正确的；是这些困难让他们知道怎样能做到更好。这些都是经验，经验积累起来，才有了现在的成功。

工作是人生中一个必不可少的漫长过程，遇到困难是难以避免的。要想成功，就要学会正确看待困难，学会在工作中成长。

首先，要做到爱岗敬业，积极进取。每一个岗位，无论职务高低、薪酬多少，都是一个人施展自己才华的舞台。只有做好本职工作，积极应对和克服工作中的困难，才能不断成长，职务才能由低到高，薪酬才能由少到多。

其次，善于将困难的压力转化为工作的动力。任何一项工作，其本质就是不断解决问题。而问题不只是问题，更是机会，解决一次问题就是一次成长。所以，当问题摆在眼前时，我们要善于将其转化为动力，而不是被压力压垮，那样就不再有机会，也不会有成长。

在职场中，有人害怕困难，有人回避问题，有人恐惧挫折，有人惧怕失败，这些都是共情力低下的表现。只有勇敢地面对困难，运用共情力，感谢困难带给自己的成长，就能不断战胜自己，在平凡的工作中不断进步。

工作金言

感谢工作中遇到的困难吧，它们才是你进步的阶梯。

问题思考

琪琪学的是会计专业，刚毕业的时候，她就像无头苍蝇一样，怎么也找不到合适的工作。后来她听从家人安排，去往深圳，进入亲戚的一家公司做出纳。由于是初入职场，除了书本里的基础知识，她几乎什么都不会，常常把工作弄得乱七八糟，因此压力重重。

后来，她终于坚持不下去了，只好回到原来的城市重新找工作。面试的时候，她如实介绍了自己的情况，介绍完之后，竟然发现自己虽然在前一家公司不是很顺利，但还是有所收获的，心里不禁有了一些自信。笔试时，也顺利通过。

这一次，她重新收拾心情，不再惧怕即将面对的工作了，跑银行办手续、开发票，虽然有几次她做得不是很好，但总算顺利度过了试用期。她自己也感慨：工作中遇到的任何困难，都是一次成长，即使当时你感觉难以逾越，但只要过去了，就一定会积累到经验。

就这样，琪琪的心态也越来越好，遇到困难，不再退缩和焦头烂额，而是积极面对。现在，她早已告别了小小的出纳员生活，而是一名出色的会计人员了。

读了琪琪的故事，你有何感想？在工作中你也一定遇到过困难吧？你是以何种心态去面对的呢？

积极参加公司组织的公益活动

在工作中，每个人都可能会遇到倦怠期，对工作失去以往的热情，或感到无形的压力；或觉得工作没有任何挑战，总觉得工作没有任何意义。生活也变得枯燥无聊，做什么事情都提不起精神。这样的状态无疑会影响到工作本身，甚至对整个人的生活产生影响。这时，不妨去参加一些公益活动，转移注意力，从侧面找回工作的意义。

清芳是某文化传媒公司的歌手，她在公司发展得比较好，在当地几个酒吧很有名，也常常有一些大型户外活动邀请她去唱歌。于是，她的工作非常忙碌，尤其是假期的时候，别人都忙着家人团聚或旅游，她却在一刻不停地工作。偶尔有休息时间，她也不愿意出去。

曾经爱好唱歌，又为自己能够从事喜欢的工作而骄傲的清芳，渐渐对工作产生了抵触的情绪。她很迷茫，觉得工作没有意思，提不起劲，几次想一走了之，彻底来个释放。

有一次，公司组织公益活动，是去福利院慰问一群特殊的孩子，她被同事拉了去。这些孩子大多一出生就没有了双亲，看着他们，清芳心里很是触动。

几天后，她和同事说想要给那些孩子们带点书，并让同事带她去。当她再一次去福利院时，她提前做了一些功课，包括怎样与这些孩子交流、怎样走进这些孩子的内心等。

在一间教室里，孩子们安安静静地听她讲故事，讲完还围着她“叽叽喳喳”地问个不停。她把书拿给孩子们看，并鼓励他们自己讲故事。

那天回去以后，清芳想了很多，她决定定期去福利院看望那些孩子。她每次去都会提前做准备，例如，教他们画画、唱歌。只要看到孩子们的笑脸，她觉得再辛苦也值得。

渐渐地，她发觉自己就像变了个人，再没有感受到来自工作的压力了。

案例中，清芳已经习惯了几年如一日的工作，没有了初入职场的热情。在工作中得心应手却又莫名地感到压力，说明她进入了工作的倦怠期，一次偶然的公益活动让她重新感受到自身价值的存在。工作之余，她总是想着福利院的孩子，工作中的压力也随之消失于无形。

很多大企业、公司都会组织员工去参加一些社会公益活动，其目的一是为了让员工能够暂时脱离工作，缓解工作带来的压力；二是为了为枯燥的工作加入一些新鲜的元素，促进团队协作，让员工在工作之余找寻生命的意义，感受到自身的社会价值。所以，要积极参加公司组织的公益活动。

很多人可能觉得工作已经让人精疲力竭，参加公益活动的时间用来休息会更好。其实不然，公益活动是一种精神上的放松，让你开拓心胸，更能让你明白工作的意义。

对公益事业的投入，往往更能促进我们对工作、生活，甚至是生命价值的体会。将公益融进工作，工作就不再枯燥、无聊。尤其是对初入职场的年轻人而言，参加公益活动更是一种成长。

工作金言

积极参加公益活动，感恩身边的一切，赶走工作倦怠期。

问题思考

小敏和小霞是高中同学，两人大学毕业后，都回到家乡就业。小敏学历高，考上了公务员，成为当地县政府一名材料员；小霞考上了特岗教师，成为邻县某小学的语文老师。

放假的时候，两人常常聚在一起。

每次聚会，小霞都会不断吐槽工作中的各种事情，而小敏则乐呵呵地听着。有一次，小霞忍不住问："你怎么样啊？工作顺利吗？"

"工作就那样吧，就是找找资料、写写材料，偶尔学习下市里下发的文件。"小敏说，"不过我还参加了县志愿者协会，那里好玩的事情才多呢。"

"啊？有时间吗？"小霞问。

"都是政府组织的，我都是完成工作就去，这样工作起来可有劲了，有时候会去贫困村慰问孤寡老人，有时候会去养老院。刚开始我也不想去，可后来发现每次去过这些地方后，自己写材料都能用得上，领导也觉得实事求是，很认可。"

听了小敏的话，小霞若有所思地点点头。

"工作有时候确实很无聊，心情也会跟着烦躁起来，但是如果能在工作之余，参加一些社会活动也挺好的；既增长了见识，又对自己的工作有所启发。”小敏继续说道。

你如何理解小敏说的话，你会积极参加公司组织的公益活动吗？参加公益活动给你带来了什么？

正确对待工资与工作之间的关系

在实际工作中，有许多人不能正确对待工作与工资之间的关系。有人认为工作经验丰富，就可以要求高工资；有人认为工作能力强，就可以要求高工资；还有的甚至认为在公司待的时间长，就可以优先获得升职加薪的名额。殊不知，这些都是错误的观念，任何高工资都是以工作经验为基础，以工作为能力途径，以对公司的忠诚度来实现的。

因此，每个人都要正确对待工资与工作之间的关系。尤其是职场新人，不要只是紧盯着自己的工资，而要将工作看作一个学习的过程，感恩一切对我们成长有益的人或事。

小王毕业已经五年了，五年里他辗转去过三家公司。由于大学时学的是土木工程专业，他在第一家公司，只是跟着师父下工地、看图纸、测量记录各种数据。那时，他是以一个实习生的身份被校招进去的，拿着一个月1500元的实习工资，顺利度过了半年的实习期。

这半年间，他吃住都在工地，每天睡觉前就抱着资料研究。过年回家时，他得知很多同学由于不看好这一行业，都纷纷转行，现在都拿着五六千的工资了。但是他一点都不羡慕，他想只要自己肯努力，一定不会比别人差。

半年后，他继续跟着工程队，跟着师父学习，这让他觉得这半年比大学四年学的东西都管用。又过了一年，工程完毕，要去另外一个地方，他觉得有些远，便离职了。

离职后，他整装待发，进入了一家新的公司。这次，由于能力突出，他只用了半年就成了带别人的师父，是公司里最年轻的技术员。他有一个工作笔记本，很多书本里没有的东西，他那里都写着，而且全部都是通过实践得来的。

然而一年后，公司倒闭，工程队解散，他再一次重新出发。

这一次，他找到一家国内知名的建筑公司，带着以前的工作经验，包括那几本工作笔记本顺利度过了三个月实习期。他将每一次实习都当作一个宝贵的学习机会，这时候，他已经拿到了一级建造师资格证书。

在这家公司里，他对自己的职业之路进行了长远的规划。如今，他已经是一名高级技术员，在公司里担任技术部主管，他既对工地上的工作了如指掌，又对图纸很精通，月薪已经不知不觉涨到了 2 万元。

工作，就是一个学习的过程，尤其是对于职场新人而言，没有工作经验，不证明工作能力就想拿到高工资，这简直是天方夜谭。工资与工作之间，一定是首先在工作中积累经验、提升能力，工资才能不断增长。案例中，小王没有急于求成，将工作当作一个学习的过程。当能力不断提升之后，他自己也得到了重用，升职加薪也就是自然而然的事。

学历高只能保证你能顺利打开一扇职场大门，而并不能增加你获得高工资的砝码。任何一个人的工作经验都不是凭空拥有的，它需要在工作中不断地去积累。所以当你还没有足够的经验去处理工作中的问题，没有足够的能力的去完成某项工作的时候，就要怀着一颗感恩的心，将眼光放在工作中的学习和成长上，珍惜每一次丰富你职业经验的机会。

作为一位普通的员工，尤其是刚刚步入职场的新人，正确对待工资与工作之间的关系非常重要。

一、必须要给自己一个明确的定位

当今社会，有些很浮躁的风气，让很多年轻人急于求成；面对他人的事业成功和高薪的诱惑，很多人都失去了对自己准确的定位。

作为一名普通员工，首要是认真做好自己的本职工作，并在工作中不断积累自己的经验财富。

二、要将眼光放在职业经验的积累上

人才是一种资源，其本身的价值是由其所具有的能力和所能创造的附加价值来衡量的。工作的目的不仅仅是为了得到固定的工资，而是要善于在工作中思考如何能够更好地体现自己的价值。

任何一个求职者，对其而言最重要的一点就是工作经验的多少。所以，尤其是对于一个刚刚进入企业工作的员工而言，工作经验的积累显得尤为重要。这些经验是你职业人生的开始，珍惜自己目前的工作，不断积累自己的职业经验，你的价值也终究会得到提升。价值不断提升，努力积攒无形的财富，人生才会有未来。

三、要注重精神回报

工资只是工作的一种物质回报方式，大多数人都只看到了这一点，而忽视了同样重要的精神回报。工作的过程也丰富了我们的经验，增长了我们的智慧，激发了我们的潜能，这些都是让我们终身受益的财富。这些财富伴随我们一生，不会遗失，也不会被花光。

因此，工作可以获得工资，工资却不是工作最终目的。注重眼前的利益并没有错，关键在于很多职场人总是将眼光放在金钱和利益上，而忽略了提升自己的重要性。

付出就有收获，付出多少，就会收获多少，这是一个基本的价值规律。如果你在工作的时候能够尽心尽力、不计较眼前的得失、不偷懒犯浑，即便现在的薪资报酬十分有限，在将来也一定会有所回报。

工作金言

强者注重自身发展，弱者拘泥每月薪资。

问题思考

理查德是美国一家麦当劳的员工，他的工作就是每天做很多相同的汉堡，工资低，工作也非常枯燥，但他总是微笑地对待每一位顾客。几年来，这家麦当劳走了好几个员工，他们只要有了一些经验，就会另谋高就。他们表示无法一直在同一个地方做同样无聊的事情，更无法接受一直只有这一点点工资。

理查德很快引起了一些老客户的注意，无论什么时候，他们都能看见理查德微笑着给他们送上一个个汉堡，有人禁不住问他是如何做到的。

理查德真诚地说：“不要小看这每一个汉堡，它们能够使人们免于饥饿，还有人因它们的美味而感到快乐，尤其是有老客户的到来，我就能够感受到他们的认可，我觉得我的工作非常有意义。”

理查德名气越来越大，很多客户慕名前来用餐，很快麦当劳总部的一名主管听说了这件事情，目睹了理查德的服务，并将他调往了麦当劳总部，给了他一个重要的职位。

读了理查德的故事，你有何感想呢？

工作中，有些时候要懂得知足

人的一生中会有很多追求，包括在工作中的追求，追求更舒服的工作环境、更愉悦的工作氛围；追求轻松的工作任务、更高的薪资等。不知不觉中，我们就会因不断的追求而获得更多。殊不知，很多东西除了满足我们自身的虚荣心之外，一无所用。甚至更多的人在不断地追求中顾此失彼，失去了生命中最重要的东西。

因此，在工作中也要懂得知足，在有限的时间中做好本职工作，而不是去追莫须有的东西，将自己置身于迷茫之中。

在职场中，处处都充满了诱惑。有诱惑就有追求，适当的追求会产生工作的动力。拼命地追求、索取就会使人忘记工作本身的乐趣和意义，进而感到迷茫、焦虑、无所适从，以至于影响到生活。所以，知足常乐并不是说说而已，而是要在工作中去践行。

一、适当降低欲望

之所以无止境地去追求，是因为有无止境的欲望。要想保持对工作的热情，停止不断地追求，就要适当降低自己的欲望。对待工作要保持平常心，终止那些不靠谱的计划，停止那些不持久的努力，做好本职工作，并不断思考如何做得更好。

二、要学会放弃

职场上常常会有不公平存在，学会放弃，体现的是一个人高雅的涵养与宽阔的胸怀，让你在职场上更受欢迎。再者，不断地去追求会让人在逆境中迷失自我，学会放弃，能够让人在面对工作中的困难时，更加冷静、更加坦然。执迷不悟可能会导致更糟糕的结果，而适当放弃或许可能是迷途知返。

三、知足并不满足

学会知足并不是要甘于平庸。在职场中，知足是一种工作态度。这种工作态度会让人工作起来心态更加良好，工作更加愉快，更能体味到工作的意义。

共情力高的员工在工作中能够换位思考，所以他们知足、感恩，珍惜身边的一切。也正因如此，他们才能不断发现工作中的乐趣，人生也更加有意义。

工作金言

懂得感恩的人，会感到知足，以知足之心去工作，人生会更快乐。

问题思考

艾德常常是工厂里下班最晚的一个，他每天都要等同事们都走了以后，才慢慢地拿起自己的衣服，在车间里走一圈，关好大门，然后才离开。

有一次，几个工人在一块儿喝酒，并吐槽工作时间长、工资低、工头难说话。艾德静静地听着，却并不说话。

有人问艾德："你每天走得那么晚，那里又不是家，工资还少，有意思吗？"又有人接着嘲笑道："人家艾德真把那里当家，没看到工位上都打扫得干干净净的吗？哈哈……"

艾德严肃地说："那里的确不是家，但我每天在那里做的时间最长。"看工友们都不说话，艾德继续说道："我中年失业，找工作四处碰壁，是这家工厂不嫌弃，给了我一个工作的机会，让我能够养家糊口，我已经很知足了。"

如果你是艾德，你会如何回答同事呢？你是否对自己的工作心存感恩，感到知足呢？

共情力加油站：对工作心存感恩

有些员工面对每天一成不变的工作时，往往会感慨工作的平淡无味，对工作的琐碎繁重心生抱怨。时间一久，甚至会怨恨自己的工作，觉得生活中的很多苦恼都是工作造成的。其实，这些抱怨和不满的根源都是因为对工作缺少一种感恩之心。

对工作缺少感恩之心，是缺乏共情力的表现。没有共情力，工作中就会生出诸多烦恼。而在一个共情力高、懂得感恩工作的人身上，就很少有如此多的烦恼。因为用一种感恩的眼光去看待工作，就会发现公司给我们提供的是启迪智慧的场所，是历练能力的机遇。工作是人生的一种恩典。它不仅塑造了你，也成就了你，它为你展示了广阔的发展空间，为你提供了施展才华的平台。当你以一种感恩图报的心情融入工作中时，你自然会工作得很愉快、很出色。

工作时的心态往往决定了我们所能取得的成就。如果我们能以一种为自己工作的心态去工作，那我们就拥有了一种正向的、积极的能量。这种能量能促使我们将工作完成得更高效、更完美。

一、以自己的职业为傲

如果你认为自己的劳动是卑贱的，鄙视、厌恶自己的工作，对它投以“冷淡”的目光，那么即使你正从事最不平凡的工作，你也不会有所成就。

所以，要培养自己对工作的感恩之心，最主要的就是要以自己的职业为傲。无论你正在从事什么样的工作，要想获得成功，千万不要轻视自己的工作。

不甘平庸的年轻人，如果轻视自己的工作，那么就无法走出平庸的工作模式。轻视工作的想法早已把他们卓越的才华和创造性的智慧，悉数吞噬。一个轻视自己工作、失去热情的员工，对于老板是没有任何价值的。共情力高的员工，会时刻保持热情，对工作心存感恩，老板也会对他刮目相看。

二、感恩与溜须拍马不同

真正的感恩应该是真诚的、发自内心的感激，而不是为了某种目的，迎合他人而表现出的虚情假意。所以，感恩与溜须拍马不同，它是不求回报的，是自然的情感流露。

如果你每天都能怀着一颗感恩的心而不是挑剔的眼光去工作，相信你工作时的心情自然是愉快而积极的，工作的结果也会截然不同。长此以往，你定能发现工作的乐趣和意义，并在这些发现中不断获得进步和成功。

当你对工作怀有感恩之心时，你自然会在对待领导和同事的态度中流露出来。如果是这样，你的老板也会被这样一种高尚纯洁的礼节和品质所感染，他会以具体的方式来表达他的感激，也许是更多的工资、更多的信任和更多的服务。你的同事也会更加乐于和你友好相处。